JEAN GIGOUX

ARTISTES ET GENS DE LETTRES DE L'ÉPOQUE ROMANTIQUE

PAR

M. HENRY JOUIN

AVEC UN PORTRAIT INÉDIT DE JEAN GIGOUX

PAR M. H. LOUIS-NOEL, GRAVÉ PAR M. E. CROSBIE

(Tiré à petit nombre)

N'EST PAS EN VENTE

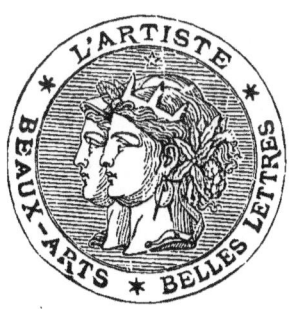

PARIS

AUX BUREAUX DE *L'ARTISTE*

44, QUAI DES ORFÈVRES, 44

1895

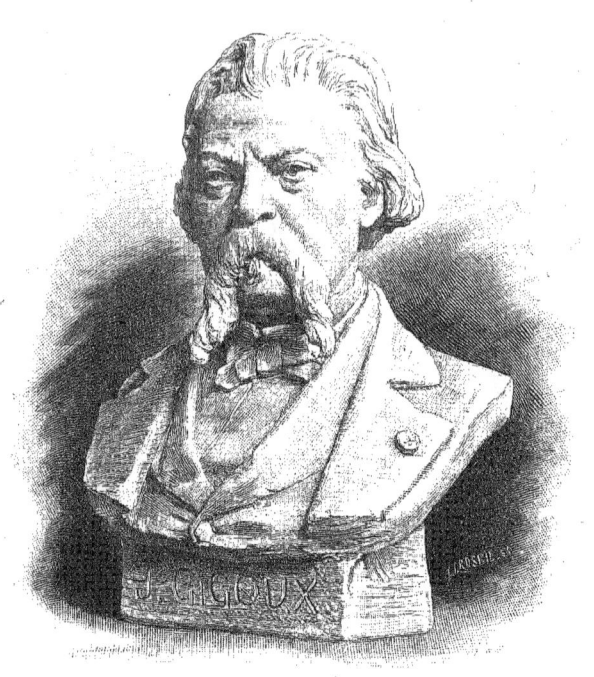

JEAN GIGOUX
BUSTE TERRE CUITE PAR H. LOUIS-NOËL
Gravure de E. Crosbie.

A MESSIEURS

F.-L. FRANÇAIS

L. BONNAT, J.-J. HENNER, J. BRETON

MEMBRES DE L'INSTITUT

AU DISCIPLE

AUX AMIS DU PEINTRE JEAN GIGOUX

CES PAGES SONT DÉDIÉES

H. J.

JEAN GIGOUX

ARTISTES ET GENS DE LETTRES DE L'ÉPOQUE ROMANTIQUE

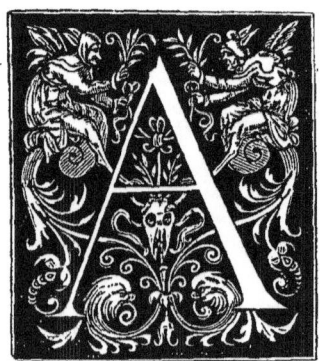u mois de janvier 1882, nous nous trouvions dans l'atelier de Gigoux. Le peintre étalait sur une vaste table des portefeuilles sans nombre, gonflés de dessins de maîtres. Auprès de lui, debout, M. Féral, l'expert justement apprécié, distinguait au passage une sanguine, une mine de plomb, une sépia dont il faisait valoir le mérite, et l'œuvre ainsi remarquée allait prendre place sur un guéridon au milieu de cent autres dessins déjà destinés aux enchères. Gigoux méditait une vente. Sa collection trop riche l'obligeait à se séparer d'un millier de pièces. Naturellement il se garderait d'offrir au public les moins belles. Son honneur d'artiste était engagé dans l'affaire. On saurait à l'Hôtel Drouot la provenance des œuvres mises en vente. Il convenait que le goût affiné du peintre se trahît par l'excellence des croquis, des compositions de tout ordre que le commissaire-priseur placerait sous les yeux des amateurs. M. Féral, prudemment appelé par Gigoux, sut procéder au choix des pièces à vendre avec la sagacité du connaisseur.

L'heure était venue d'informer le public de l'événement du lendemain. J'étais là; on me mit la plume dans la main. Je m'installai tant bien que mal sur un coin de table et j'écrivis :

Les princes achètent des statues, les financiers rassemblent des toiles : il n'y a que les délicats à s'éprendre des dessins.

Un millier de ces feuilles légères, tombées de la main distraite du génie, apportées des Flandres, d'Allemagne, de Néerlande, d'Espagne et d'Italie sur l'aile de la Fortune, un millier de dessins de Maîtres vont passer en vente.

Que vaut la pluie d'or de Danaé devant cette pluie d'étoiles ?

Vous aimez, n'est-il pas vrai, les lettres intimes d'un homme supérieur ?

Rien de plus profondément intime qu'un dessin. C'est ce qui explique que tel crayon de Rubens est d'une vie plus intense que ses tableaux ; telle sanguine du Corrège a le charme pénétrant d'un parfum.

L'œuvre peinte est de main d'homme ; le dessin n'est qu'une note, il a je ne sais quoi de secret, d'inexprimé, de fragile et de fugitif comme la vision rêvée.

Le drame, l'idylle ou le portrait se déroulent sous les yeux ravis de l'amateur, mais la fiction subsiste, le métier disparaît, l'artiste se livre sans détour, il oublie de poser, et, pour peu que vous ayez devant vous vingt croquis d'un même maître, vous pourrez surprendre le fond de sa pensée, jusqu'aux pulsations de son génie.

Le dessin demeure jeune. Point de craquelures, point de tons poussés.

Peut-il en être autrement ?

L'artiste tient le pinceau jusqu'à son dernier jour, mais non pas le crayon. Il semble que l'homme d'art ait un respect sans égal pour ses menus ouvrages. Il dessine à l'heure de son adolescence et de son âge mur, plus rarement aux approches de la vieillesse. C'est pourquoi tant de sève s'échappe d'un dessin. Il y a cent à parier qu'il est contemporain de la montée lumineuse et chaude vers le *dimidium vitæ*, non de la descente obscure, sans chaleur, du second versant de l'existence.

Au surplus, combien parmi les maîtres, qui tombent en pleine jeunesse ! Ne cherchez pas la date du *Cavalier*, de Géricault, que nous rend, avec un rare bonheur, la pointe alerte et nerveuse de Champollion, le peintre n'a vécu que trente-deux ans ! Albert Dürer avait trente-cinq ans lorsqu'il a dessiné la rude et simple image de *Maître Hieronymus*, l'un des joyaux de l'écrin qui vous est ouvert.

Vais-je en décrire les pièces ? Vous n'y songez pas.

Une plume, de l'encre et des mots, qu'est-ce que cela, dites-moi, pour rendre à la pensée les enchantements de la ligne de Raphaël, la grâce de Léonard, l'attitude heureuse d'Ingres, les feuillées de Ruysdaël, les contours ressentis de Cranach, les lointains de Molyn, l'énergie souveraine de Rubens, les lacs de Gainsborough, les torrents de Turner, l'âpreté calme de Rembrandt ? Que peuvent des syllabes pour traduire la lumière ?

Non, certes, mon labeur serait vain dans cette tentative. D'ailleurs, mon collègue, M. Braun, — qui a le soleil pour complice, — ne me rend-il pas la lutte impossible ? Trente planches et plus, sorties de son atelier, m'invitent à feuilleter le catalogue qui paraîtra demain ; et je suis homme à ne pas me relire moi-même, tant il m'est doux de respirer les œuvres de Greuze, de Tiepolo, de Velasquez, de Ribera, de ces maîtres de l'esprit que je nommais tout à l'heure, si fidèlement traduits, sur l'ordre de M. Féral, par mon rival redoutable.

Du reste, ces dessins merveilleux ont leurs parchemins.

Certain compagnon d'armes de Louis XIII avait pris pour devise : « *Du nid de l'aigle* ». Plus modeste serait celle qu'il faudrait écrire sur ces portefeuilles où se tiennent rapprochés depuis tant d'années ces mille dessins que M. Gigoux a mis un demi-siècle à recueillir.

Du cabinet de M. de Julienne, un raffiné du dernier siècle, on a justement tiré pareil nombre de dessins au mois de mars de l'année 1767.

Julienne avait été l'ami de Watteau.

Delacroix, Pradier, David d'Angers, tous les maîtres d'hier et d'aujourd'hui, de Sigalon à Bonnat, ont compté en notre collectionneur un camarade ou un ami.

Julienne n'était qu'amateur.

On connaît les œuvres de notre peintre. N'eût-il fait que *le Comte de Comminges reconnu par sa maîtresse* et la *Mort de Léonard de Vinci*, dont la lithographie de Mouilleron vaudra de l'or avant peu d'années, il faudrait assigner à M. Gigoux une place de choix dans l'école.

Populaire et recherché, il peut dire de lui-même comme ce fier imagier du moyen-âge, dont la ville de Toulouse garde la signature aux Augustins : *Vir non incertus*. Et le peintre, chez lui, n'a pas atteint l'éclectique. Expert en belles œuvres, il a fait un musée de sa demeure.

Demeure historique et charmante.

N'entrons pas, nous ne pourrions sortir.

Lisez plutôt le chapitre instructif et de tout point exquis d'Édouard Fournier sur *le Cèdre de Beaujon*.

Revenant à nos dessins, je propose d'écrire au fronton de l'Hôtel Drouot le jour de la vente :

DE MAISON D'ARTISTE.

Vous faut-il des preuves ?

Il y a quelque dix ans, notre collectionneur mit en vente une poignée de dessins. Sur le nombre, deux Moreau que je n'ai nul besoin de désigner davantage, et un Freudeberg furent acquis par M. Mahérault pour la somme de six à sept cents francs. Le 29 mai 1880, à la vente Mahérault, ces trois dessins se payaient trente mille francs.

Ceux que nous dénonçons aux amateurs égalent, s'ils ne les surpassent, leurs devanciers. Où trouver, par exemple, dans une collection privée, des Albert Dürer plus beaux que les cinq pièces, — cinq chefs-d'œuvre, — de ce cabinet ? *Maître Hieronymus*, l'artiste ascétique de la *Fête du Rosaire*, a été reproduit dans le livre définitif sur Dürer, de M. Ephrussi.

On verra parmi nos dessins l'esquisse magistrale de la *Bataille de La Hogue*, de Benjamin West, l'une des toiles qui font le plus d'honneur à l'école anglaise.

Non moins achevé peut-être que sa quatrième eau-forte, tel est le *Paysage* de Ruysdaël.

Une *Tête d'homme*, par Rembrandt, provient du cabinet Arozarena. Cet amateur l'avait acquise au prix de 4.000 francs. Leroy l'a rendue populaire dans ses fac-similés.

C'est du cabinet Denon que provient la *Mère de Rembrandt*.

Les deux filles de *Van Ostade* sont une étude préparatoire pour le tableau du Louvre où le peintre s'est représenté entouré de sa famille.

Est-il besoin de rappeler quels liens étroits rattachent la sépia de Lorenzo di Credi, *Personnage debout les mains jointes*, à la figure de saint Julien l'Hospitalier du tableau du Louvre ?

La sanguine d'Andrea del Sarto, *Jeune garçon un genou à terre*, n'est pas étrangère au tableau de *la Charité*.

L'Ange de Léonard est la première pensée de son personnage de la *Vierge aux rochers*.

Nous n'en finirions pas si nous tentions de mentionner toutes les études que renferme la collection. On dirait les strophes murmurées de vingt poèmes.

Quelle page mystérieuse que l'étude de Van Dyck pour son portrait de Charles Ier ! Quelques traits de plume, un peu d'encre de Chine, et l'artiste nous laisse la sensation de la couleur, du mouvement, du style, qui distinguent son œuvre impérissable à la gloire du roi d'Angleterre.

Le cabinet Gigoux n'est pas moins riche en dessins français. Trois études de Poussin ont un intérêt de premier ordre. Ce sont les esquisses de *Moïse enfant foulant aux pieds la couronne de Pharaon*, du *Jeune Pyrrhus sauvé* et de cette toile éclatante dont Poussin lui-même parle avec tant de complaisance dans ses lettres, le *Ravissement de saint Paul*.

Dois-je poursuivre ? — A quoi bon ?

Les visiteurs de la cathédrale de Strasbourg se souviennent peut-être d'avoir vu, à une tribune étroite de la nef, près du chœur, une figure d'homme accoudé sur la balustrade, contemplant les voûtes du *Münster*. C'est la statue d'Erwin de Steinbach, l'architecte de la cathédrale. C'est l'artiste qui s'est recueilli devant son œuvre. Sa présence est une louange. Virgile avait exigé d'Auguste que ses chants inachevés fussent détruits. Erwin de Steinbach a voulu se survivre dans l'ouvrage de ses mains, et le ciseau d'un sculpteur l'a représenté silencieux et pensif.

Il écoute chanter la pierre.

La collection qui va passer en vente est un monument. C'est une œuvre de longue haleine, et l'architecte de cette œuvre est le témoin joyeux de son éclat.

Libre d'étendre ou de restreindre les limites de ce brillant domaine qu'il nous permet de parcourir, pouvez-vous douter que l'homme d'esprit, de goût et de savoir, n'ait été sévère dans ses choix?

Laissez faire. Les pierres que vous regardez sont de purs diamants dignes d'être sertis dans l'or le plus fin. Van Goyen, David Teniers, Murillo, Canaletti, Van de Velde, Jordaens, Backuisen, Jules Romain, Luini, Claude Gelée, Fragonard et cent autres se plaignent à moi de ne vous avoir pas dit qu'ils feront cortège, le jour venu, au collectionneur depuis si longtemps leur ami......

Au revoir donc, lecteur, au revoir dans l'Assemblée des dieux.

Ces lignes, rapidement écrites, eurent l'agrément du peintre et de l'expert. Ce double suffrage me valut de voir ma prose prendre place en tête du catalogue de la vente en guise de préface,

Moi qui n'en lis jamais! — ni vous non plus, je crois?

La vente eut lieu dans les derniers jours de mars, et je me suis laissé dire que le collectionneur en retira plus de cent mille francs.

Le Salon allait ouvrir. M. Louis-Noël, un ami de Gigoux, exposa son buste. L'œuvre était de fière allure, bien que sobre et serrée. Les années commençaient à peser sur le front de l'octogénaire. Le sculpteur atténua les rides. Il prit son modèle dans ses bons moments. La virilité robuste du vieux peintre trouva chez M. Louis-Noël un interprète habile et plein de goût.

Le 23 juin, le Salon ayant fermé ses portes, le statuaire me confia qu'il comptait offrir le soir même à Gigoux le buste qu'il venait d'exposer. Il me proposa de l'accompagner. J'acceptai. Je voulus écrire un sonnet pour rehausser l'offre de mon ami. Ce sonnet ne vint pas. En revanche, les strophes qui suivent, achevées en voiture pendant le trajet de la rue de Vaugirard à la rue de Chateaubriand, tinrent lieu du sonnet inutilement cherché.

Nous arrivâmes chez Gigoux à la nuit tombante. L'air était tiède. Notre hôte nous reçut dans son salon ouvrant sur le jardin.

Le buste fut placé sur une gaîne que l'on déposséda du vase de Sèvres qui la surmontait, et à la lueur d'une lampe, en présence de Gaston Marquiset et du sculpteur, je m'adressai au peintre en ces termes :

> Maître, c'est demain votre fête,
> Accueillez les vœux d'un ami.
> — Si mes stances sont d'un poète
> Dont la muse a longtemps dormi;
>
> Si ma prose laborieuse
> Pèse sur mon vers éperdu;
> D'une cadence harmonieuse
> Si le secret ne m'est rendu;
>
> De vos hôtes de « l'Abbaye »
> Quand vous me faites l'héritier,
> Si ma verve se sent trahie
> Par les vers brillants de Gautier,
>
> Qu'importe ? — Ce n'est plus la gloire
> Que vous recherchez aujourd'hui,
> Vous êtes entré dans l'histoire,
> Votre nom sur nous a relui.
>
> Soldat de cette grande armée,
> Légion d'artistes penseurs
> Que suivit l'Europe charmée,
> Où toutes les âmes sont sœurs;
>
> Où Delacroix et Lamartine
> Rossini, Gérard et Pradier,
> Mercœur, qu'un vent de mort incline,
> Musset, Hugo, David, Nodier,
>
> Vont épelant le même livre :
> La Nature, le Vrai, le Beau,
> Germes divins qu'ils font revivre
> Sous leur plume où sous leur ciseau,
>
> Vous m'apparaissez, tête haute,
> Suspendant au temple de l'Art,
> La toison d'or de l'Argonaute,
> Dans les *Adieux de Léonard*.
>
> Pour vous, Lemud grave sa pierre ;
> Moine et David sculptent l'airain,
> Et dans sa prose familière
> Janin se dit votre parrain.
>
> Maître, votre part fut trop belle,
> Et de vous nous restons jaloux,
> Nous, les fils d'un âge rebelle
> Où tout est sombre autour de nous.

Vous êtes nés avec l'aurore,
Partout une clarté vous suit...
— Notre horizon ne se colore
Que des feux follets de la nuit.

On parle de votre jeunesse,
Riche d'espoirs et de vertu...
— Au Veau d'or va notre caresse,
Pour lui seul nos cœurs ont battu.

Les Muses, par vous applaudies,
Déesses des temps fabuleux,
Loin de nos sphères refroidies,
Fuient comme des oiseaux frileux.

Qui viendra rompre l'atonie
D'une existence sans printemps ?...
Maître, gardez votre génie
Et n'enviez pas nos trente ans.

Ce n'est qu'une sève épuisée
Qui monte à nos cerveaux éteints.
— Où sont dans notre France usée
Les grands cœurs sous les fronts hautains ?

Si Dieu veut qu'une Renaissance
Se lève sur notre pays,
Si des souffles d'adolescence
Cherchent encor nos fronts vieillis,

O Maître, c'est à votre école,
C'est quand vous parlez du passé,
Que sous votre ardente parole
Le présent peut être effacé.

Ouvrez vos bras aux jeunes groupes,
Montrez-leur de grands avenirs,
Et mêlez au bruit de leurs coupes
La leçon de vos souvenirs.

Aux âmes rendez quelque sève,
Vous, l'artiste aux mâles fiertés,
Sans crainte, opposez votre rêve
A nos froides réalités.

Dites-nous, dites-nous, ô Maître,
Comment on triomphe du temps,
Comment on peut être un ancêtre
Et garder un cœur de vingt ans.

Amant des nobles effigies,
A nous qui n'avons plus d'autels,
Rendez les hautes énergies
Qui font les hommes immortels.

Le peintre parut ravi de la double surprise que Louis-Noël et moi lui faisions. Il ne releva pas les lacunes d'une improvisation que j'aurais voulu rendre moins imparfaite. Je me gardai de lui dire que j'avais inutilement essayé d'écrire un sonnet à son adresse.

Au surplus, je n'étais pas pour lui un étranger. Ma première visite chez Gigoux date de 1875. J'écrivais alors la *Vie de David d'Angers*. La veuve du statuaire m'avait parlé de Gigoux comme du plus fidèle ami de David, et je m'étais décidé à l'aller voir. L'accueil du peintre avait été d'une aimable cordialité. C'était son accueil pour tous : il n'en avait qu'un. Dès le premier jour, je fus agréablement surpris en entrant dans la maison de Gigoux, où je devais revenir si souvent, de la trouver remplie de toiles. Ce n'est pas une maison, c'est un musée. Quelques statues distribuées sur la façade de l'habitation m'avaient averti que j'entrais chez un artiste. Mais j'étais loin de m'attendre à cette profusion de belles œuvres appendues aux moindres parois, sur les portes, dans les couloirs, les escaliers dont elles couvrent les rampes, et jusqu'au plafond du plus humble réduit. La salle à manger, le salon, la chambre du peintre, qui occupent le rez de chaussée, sont remplis de peintures. Toutes les écoles, celles d'Italie et des Flandres, l'école anglaise et l'école espagnole ont été faites tributaires de cette maison curieuse. Au premier étage, sont les dessins exposés ou en portefeuilles. Gigoux lui-même n'en sait plus le nombre. Au-dessus, l'atelier. Là encore, de belles toiles, des pages de choix de ces Maîtres d'autrefois dont a si bien parlé un croyant de l'art, Fromentin, la veille de sa mort. — Socrate avait ainsi résumé sa foi en l'immortalité pendant les heures de sa nuit suprême.

Je ne vous ai pas dit que ce qui distingue ces galeries intimes de la maison de Gigoux, c'est qu'on n'y rencontre aucun de ses propres ouvrages. Il faut monter à l'atelier pour se retrouver avec l'artiste en face d'ébauches dispersées çà et là sur leurs chevalets. Quant aux œuvres de sa jeunesse et de son âge mûr, que le peintre a conservées, elles sont un peu partout, privées de leurs châssis et roulées. Il y en a sur les meubles, dans les coins obscurs, sous le piano, derrière les divans. Une *Jeanne d'Arc*, peinte il y a cinquante ans, est tournée contre la muraille.

Certes, voilà qui est rare. J'ai traversé beaucoup d'ateliers. Ce qu'on y trouve en belle place, en pleine lumière, ce sont ordinairement les œuvres de l'artiste que l'on va voir. Faut-il blâmer cette coutume des peintres et des sculpteurs? Pourquoi? Que l'homme d'art se plaise dans le regard fréquent qu'il porte sur ses pensées peintes ou modelées, cela peut lui être profitable. Si son œil est subtil et fin, si son esprit est indépendant, il devient à lui-même son critique. Qui donc jugera mieux l'œuvre que l'ouvrier? Au reste, cet entourage de toiles ou de statues peuplant l'atelier du maître qui les a produites, est un enseignement pour le visiteur. Elles complètent l'homme. Elles attestent son activité. Elles portent témoignage de son génie.

Cependant, on peut mieux faire encore. J'en appelle aux amis de Gigoux. L'art, comme les lettres, a ses classiques. La peinture a ses dieux. Ce sont eux que l'on doit mettre à proximité de l'œil et de la main, si vraiment on est soi-même épris du divin. L'homme de pensée qui aspire à être créateur ne veut voir dans les choses créées que celles qui se rapprochent de l'infini. La nature ne se révèle complétement à nous que quand nous l'observons des sommets. Seuls, les grands maîtres murmurent à l'âme du peintre l'éternel *Excelsior*.

Toutes ces toiles disposées sur les murs de la maison de Gigoux y sont en leur lieu. Ce sont comme les titres des ancêtres soigneusement recueillis par un descendant. La vue constante de ces pages n'a point lassé l'artiste; elle ne l'a pas davantage découragé. Combien de peintres de nos jours vivent dans cette atmosphère? Combien qui, ne pouvant acquérir des tableaux, savent jouir du trésor commun qui est au Louvre? Combien parmi les favorisés de la fortune se sont fait une galerie? Ils ne sont pas nombreux. On cite M. Bonnat. N'était-il pas au premier rang des amis de Gigoux?

C'est donc une haute faveur de se trouver inopinément dans la maison d'un artiste, toute remplie d'œuvres de grand style, à l'aspect durable, parmi des toiles éclatantes et souveraines. L'œil et l'esprit se retrempent dans cette saine vision. Le cadre nous étant connu, parlons de l'homme.

Il était de taille moyenne. Les épaules bien dessinées disaient la

forte constitution du Franc-Comtois. Tous ses cheveux, et à peine
quelques-uns qui eussent blanchi. Un front haut et large, sans
rides, extrêmement mobile, sur lequel, pendant le silence de l'artiste, sa pensée se trahissait au dehors. Le caractère général de la
tête était sévère, mais l'œil, d'une grande douceur, tempérait ce
que les lignes du visage avaient de contenu et de grave. Je n'ai
rien dit des lèvres : elles étaient abritées sous de fortes moustaches dont les extrémités retombaient de chaque côté de la bouche,
qu'elles voilaient en partie. Les joues et le menton sans barbe
rendaient encore les moustaches plus apparentes, et Gigoux rappelait aux moins attentifs le portrait du Gaulois tracé par César.
Vous avez lu ces lignes où l'auteur des *Commentaires* dit que nos
pères avaient coutume de porter des moustaches épaisses qui, ne
permettant pas de voir leurs lèvres, leur donnaient un air impassible, quel que fût le danger. David s'est souvenu de ce détail
lorsqu'il a sculpté Dumnacus; Aimé Millet ne l'a point oublié
dans sa statue de Vercingétorix.

Le portrait de Gigoux serait inachevé si je ne le complétais par
la silhouette d'un ami qui ne le quitta jamais jusqu'en 1889,
M. Gaston Marquiset, élève du peintre et son commensal. Peintre
et lithographe à ses heures, connaisseur en belles œuvres, charmant conteur, inépuisable en anecdotes, M. Marquiset était député
de la Haute-Saône. Ses préférences le portaient à parler d'art, mais
qu'un solliciteur se réclamât de son crédit, il n'avait garde d'oublier qu'il était un homme politique. Tout le monde a été son
obligé : il n'était celui de personne.

A l'époque où, très jeune encore, Marquiset travaillait dans
l'atelier de Gigoux, celui-ci fit de son élève un excellent portrait
que Pradier proclamait digne de figurer au Luxembourg. Marquiset, très fier de posséder cette toile, voulait l'offrir à sa mère, et
ce fut elle qui obtint le portrait. Gaston Marquiset est mort subitement au Champ-de-Mars pendant une visite qu'il faisait en
compagnie de Gigoux à l'Exposition Universelle de 1889.

Mais, me voilà bien loin de ma première visite à la rue de Chateaubriand. J'ai dit l'accueil que j'y reçus. Je venais, on s'en souvient, interroger Gigoux sur David d'Angers. Sans préambule, le
maître me raconta comment il avait tenté de décider David à tra-

vailler au tombeau de Napoléon ; il me révéla le complot désintéressé, concerté par lui et Cavé, en cette occasion, dans le but de trouver un prétexte pour faire décerner à David la croix d'officier de la Légion d'honneur. De même, j'emportai de cette entrevue le récit de la conversation de Gigoux avec Lamartine, au cours de laquelle le peintre avait pris publiquement la défense de David, chez le président du Gouvernement provisoire.

Au bout d'une heure d'entretien, nous étions amis.

Quelques semaines plus tard, je vins communiquer à l'artiste les pages de mon livre où se trouvaient résumées les notes qu'il m'avait fournies. La lecture se fit à table. C'était un dimanche, et je déjeûnais ce jour-là rue de Chateaubriand, avec un vaillant compatriote de Gigoux, le général Grenier.

Depuis lors, je me suis maintes fois assis à la table du peintre, ou sous le berceau de chèvrefeuille qui abrite sa terrasse, ou sur le divan de son atelier. Là, je me suis rencontré avec une société d'élite. MM. Français, Jules Breton, Bonnat, Tony Faivre, Maxime Lalanne, Matout, Henner, Louis-Noël, le général Lamy, Charles Blanc et d'autres encore aimaient à venir parler chez Gigoux de leur passé, rappelant avec complaisance des noms illustres, de hauts faits, de grandes œuvres. Et j'admirais la verve toujours digne, l'entrain, la finesse que le peintre savait mettre dans ses entretiens, selon qu'il provoquait la réplique d'un camarade d'atelier, d'un débutant, d'un nouveau venu. Car on rencontrait des débutants et des nouveaux venus à la rue de Chateaubriand, et le jugement de Mme Ancelot sur les salons de la Restauration n'a rien perdu de son à-propos, si on l'applique à la maison de Gigoux : « Un salon est une réunion intime, qui dure depuis plusieurs années, où l'on se connaît, où l'on se cherche, où l'on a quelques raisons d'être heureux de se rencontrer. Les personnes qui reçoivent servent de lien entre celles qui sont invitées. L'échange continuel d'idées fait connaître la valeur de chacun ; celui qui apporte plus d'agrément est le plus fêté, sans considération de rang ou de fortune, et l'on est apprécié, je dirais presque aimé, pour ce qu'on a de mérite réel ; le véritable roi de ces espèces de républiques, — c'est l'esprit. »

Aujourd'hui que les salons de Gérard, de Charles Nodier, du

vicomte d'Arlincourt, de Mmes Lebrun et Récamier, de la duchesse d'Abrantès n'existent plus, nous avons une réelle gratitude au peintre qui rassemblait autour de lui les survivants d'une époque disparue, et les jeunes hommes avides de juste renommée. Aussi, la maison de Gigoux était-elle populaire auprès de tout un groupe d'artistes et d'écrivains, qui aimaient à en franchir le seuil. Ainsi les pèlerins de Pompeï se donnent rendez-vous à la maison du Poëte.

On devine que je ne me fis pas faute, en un pareil milieu, de recueillir les traits saillants des entretiens dont je fus témoin.

Un jour, quelqu'un rappela que Gigoux avait autrefois conseillé à Charles Blanc d'écrire sur ses contemporains. L'auteur de l'*Histoire des Peintres* avait goûté le conseil de son ami, et nous savons combien de pages achevées, pleines d'imprévu, de faits intimes qui sont autant de témoignages irrécusables, attirent vers ce livre de bonne foi, l'un des derniers que le critique ait écrits, les *Artistes de mon temps*.

M. Dumesnil s'y est-il pris autrement pour parler de Corot ? Il l'a suivi, surpris dans sa parole, son geste, sa vie privée, son tempérament d'artiste, et son livre est vivant.

J'avais donc, depuis plusieurs années, le projet de révéler au public les causeries d'artistes entendues chez Gigoux. Puis, les travaux commencés, la tâche de chaque jour me faisaient ajourner ce livre.

On diffère ; — la vie à différer se passe !

Mais, au printemps de 1882, l'artiste me proposa de faire mon portrait. J'acceptai ; et, pendant plusieurs matinées, je vécus de longues heures en tête à tête avec Gigoux.

Vers le même temps, j'ouvris fortuitement un volume de l'*Artiste*, publié en 1839, dans lequel se trouve une notice anonyme sur le peintre. Thoré est l'auteur de cette notice. Racontant les débuts difficiles de Gigoux, lorsqu'il vint à Paris en 1828, Thoré s'exprime ainsi : « Une des puissances de Gigoux, c'est de réunir des hommes autour de lui. Même pendant cette période de douleurs et d'enfantement, Gigoux était déjà un centre. Il avait des amis qu'il soutenait et qu'il dirigeait, lui qui n'était encore qu'un apprenti. Depuis, il a formé de nombreux disciples. »

Cet éloge inattendu fut une révélation pour moi. Ainsi, me disais-je, ce groupe d'amis qui forme chaque semaine autour de Gigoux un salon d'artistes, d'écrivains, d'amateurs, ce groupe dure depuis un demi-siècle ; seulement, autrefois, c'étaient Sigalon, Nodier, Delacroix, Gérard, Flandrin, qui s'assemblaient à cette place. Les invités ne sont pas les mêmes, mais l'homme qui a été le lien de cette famille continuée, cet homme survit, il est là devant moi, couvrant sa toile d'une main ferme, rompue aux touches délicates ou puissantes. Que de souvenirs il pourrait évoquer ! Que d'artistes de valeur dont il peut parachever le portrait en y ajoutant un mot, un détail, une anecdote, pris sur le vif.

— Cher Maître, lui dis-je pendant une séance de pose, vous devriez écrire vos Mémoires.

Un large éclat de rire fut la réponse du peintre.

— Mes Mémoires, à quoi bon ? Ceux des autres, — non pas de tous, mais de quelques-uns, — passe encore. Quant à mon histoire, elle n'intéresse personne.

— Permettez, cher Maître ; vous avez connu ceux que vous appelez « les autres » ; vous avez été leur camarade, leur ami, leur guide peut-être.

— Ah ! certes, je les ai bien connus et j'en sais long sur le plus grand nombre.

— Bravo ! c'est ce récit que je vous demande de reprendre avec moi, non plus au hasard d'une causerie improvisée et cent fois rompue, mais avec méthode, avec suite, en vous plaçant en face de chacun, et en traçant de lui un croquis, si vous n'allez jusqu'au portrait en pied.

— Ah ! me répondit Gigoux, demi-persuadé, dans cet ordre d'idées il y aurait beaucoup à faire.

— Je m'en doute bien, lui dis-je, car un bon nombre de vos contemporains sont des hommes de six coudées.

— Oui, répondit le peintre, mais nous ne pourrions parler que des morts... Il est vrai que bien peu vivent aujourd'hui.

— Rappelez-vous, cher Maître, ces paroles émues que prononçait Alexandre Dumas en face de la tombe de Paul Huet : « Mil huit cent trente ! Quelle époque ! que de sève ! quel jaillissement d'art et de poésie ! et comme tout un monde de peintres, — je ne parle pas des poètes, des romanciers, des historiens, — s'élançait à la recherche du beau !

« Comptons-les tous : Boulanger, mort ; Tony Johannot, mort ; Alfred Johannot, mort ; Decamps, mort ; Marilhat, mort ; Rousseau, mort ; Raffet, mort ; Eugène Devéria, mort ; Achille Devéria, mort ; Sigalon, mort ; Delaroche, mort ; Flandrin, mort ; Delacroix, mort ; Bonington, mort ; Géricault, mort ; Troyon, mort ; Flers, mort ; Grandville, mort ; Bellanger, mort ; Clément Boulanger, mort ; Papety, mort, et aujourd'hui, — qui sait combien j'en oublie ? — Paul Huet, mort.

« Qui reste vivant ? Giraud, Muller, Isabey, Gudin, Cabat, Robert-Fleury, Gigoux. »

Voilà ce que disait l'un des vôtres en 1869 et sa glorieuse revue des morts célèbres n'était pas complète ; il eût dû nommer : Charlet, Horace Vernet, De La Berge, Granet ; aujourd'hui Gudin et Giraud sont morts. Corot, Diaz, Courbet, Couder les ont suivis ; parmi les sculpteurs, Barye, Pradier, David, le comte d'Orsay, Antonin Moine sont disparus ; les lettres ont perdu Gautier, Jules Janin, Francis Wey, Charles Blanc, Dumas, Paul de Saint-Victor, Longpérier et bien d'autres encore que vous avez connus, appréciés, peut-être aimés.

Voilà les héros du livre que je voudrais écrire sous votre dictée, voilà les personnages du drame que vous seul pouvez expliquer, comme dans les pièces d'Eschyle ou de Sophocle, le chœur interprète l'action.

— Soit, me répondit Gigoux, nous essaierons. Le sujet vaut la peine qu'on y réfléchisse. Et, sans se douter peut-être qu'il se rendait à ma demande, pendant le reste de la séance le peintre ne cessa de m'entretenir de Delacroix.

— Merci, lui dis-je, quand nous descendîmes pour déjeuner, vous venez de me dicter un chapitre de mon livre : *Les Maîtres de 1830 racontés par l'un d'eux.*

— Le titre serait ambitieux, dit le peintre, en fixant sur moi son superbe regard.

— D'accord. Nous en trouverons un autre dans la soirée.

Gigoux était un homme de travail. Il ne s'accordait de repos que le dimanche. Pendant toute la semaine, il vivait dans son atelier. Dès huit heures du matin, le peintre était à son chevalet ; il ne s'interrompait qu'à onze heures. On déjeunait. A une heure, on remontait ; et, si l'artiste faisait un portrait, son modèle, entré en séance à huit heures et qu'il avait retenu à déjeuner, reprenait sa place sur le siège élevé de l'atelier. A trois heures, le peintre, présumant que le modèle pourrait être fatigué, lui rendait sa liberté, mais lui ne cessait pas pour cela de travailler. Il se remettait alors à quelque figure nue, d'enfant ou de jeune fille, la nature étant le livre de toute révélation pour les vrais artistes. C'est ainsi que je l'ai vu mener de front, pendant l'été de 1882, un portrait, une figure d'*Ismaël* et une *Source* aux lignes horizontales et sinueuses, telles que peut les décrire, dans son cours apaisé, quelque ruisseau familier des campagnes du Doubs, fréquenté par Gigoux aux jours lointains de son enfance robuste et vagabonde.

Les heures passées dans l'atelier du maître ont été pour moi d'un charme inexprimable. Nos entretiens ne tarissaient pas. Jamais, cependant, l'artiste ne se laissa distraire par la parole de l'interlocuteur. On peut dire de lui, quand il était à l'œuvre, ce qu'Edgard Poë a dit du peintre qu'il met en scène dans son histoire étrange, le *Portrait ovale* : « Passionné, studieux, austère, il a trouvé une épouse dans son Art. »

Mais l'art est la manifestation du beau. Et qu'est-ce que le beau ? La splendeur du vrai. L'artiste est donc inondé de vérités splendides, de joies élevées et intenses qui donnent à tout son être de vivre dans les sphères supérieures. Ce sont ces joies qui suspendent pour l'homme d'intelligence, le cours normal des années, ce sont elles qui lui font goûter le bonheur de vivre et qui donnent à son âme je ne sais quel reflet de cette jeunesse éternelle qui est l'attribut de Dieu.

Ces réflexions naissaient d'elles-mêmes chez ceux qui entendaient Gigoux parler de la vie, cette coupe dont le vin n'a jamais rien perdu de sa force entre ses mains. « La vie est si belle pour qui sait l'employer, disait-il un jour devant nous, qu'il faut plaindre ceux qui ne jouissent pas d'un pareil trésor dans l'honneur et le travail. Quoi de comparable à la nature qui se déroule sous nos yeux ? » Longus, également épris de la nature, avait dit dans sa langue dorée : « Jamais ne fut rien ni ne sera qui se puisse tenir d'aimer, tant qu'il y aura beauté au monde et que les yeux regarderont. »

Au cours des nombreuses visites que je fis à l'artiste pendant le mois de juillet, il me confia ses riches portefeuilles d'autographes. Les soirs de pluie, — et ils furent nombreux, — il se mit à dicter ses souvenirs. Le mois suivant, il revit la Franche-Comté. De retour à Paris, il reprit son récit interrompu, empruntant tour à tour la plume de M. Marquiset, ou de quelque visiteur, et pendant plusieurs semaines, le samedi soir, je fus chercher ma « copie » comme un chroniqueur en disette. Rentré chez moi, je rédigeais. Mais, on le devine, mon premier soin était de contrôler ce qu'avait dicté le peintre. Tel fait qu'il supposait dater de 1840 devait être reporté à 1825. Les Salons, dans sa mémoire, se succédaient d'après une chronologie confuse. L'artiste n'était pas l'homme du livre. Il me recommanda de ne suivre aucun plan, de prendre ses souvenirs tels qu'ils se présentaient à son esprit. On ne fait rien sans méthode. Je ne tins pas compte des injonctions de mon modèle, et m'aidant de ses notes, des écrits du temps, des souvenirs laissés par ses contemporains, je composai mon travail sans nul souci de la suite que lui-même avait donnée à ses anecdotes. Mon indépendance lui déplut, et pour ne pas attrister cet homme excellent, je résolus de ne rien publier sur Gigoux de son vivant.

Rentré en possession de ses notes que je m'empressai de lui rendre, l'artiste n'abandonna pas son idée. Un petit volume parut sous son nom en 1885. Les anachronismes, les puérilités, des erreurs de tout genre ont échappé à la plume sans expérience qui s'est prêtée à cette publication. Des lettres d'artistes possédées par Gigoux et dont j'avais pris copie sous ses yeux, nulle trace dans le volume dont je parle. Aujourd'hui que Gigoux n'est plus, je me plais à lui rendre hommage en usant de ses propres richesses. L'ouvrage que je projetais il y a douze ans de lui dédier en racontant sa vie et celle de ses amis, serait trop étendu pour prendre place dans un recueil périodique, mais j'en détache volontiers les meilleures pages, afin de venir en aide aux biographes qui plus tard voudront parler de Jean Gigoux. Aussi bien, — c'est une justice à lui rendre, — il a peu parlé de ses propres œuvres ou de lui-même dans ses *Causeries* parues en 1885. Notre réserve ne doit pas être aussi complète. Il est bon que notre génération connaisse les faits saillants d'une noble existence d'artiste; il est curieux de suivre depuis sa jeunesse ce studieux, ce vaillant qui tenait le pinceau hier encore à l'âge de quatre-vingt-neuf ans. Les pages qui vont suivre seront donc à la fois le complément et la rectification des feuilles sans lien, sans suite, mises au jour par le peintre il y a dix ans. Il n'a pas voulu suivre le précepte : « Connais-toi toi-même. » Nous essayerons de le suppléer dans l'autobiographie qu'il était incapable d'écrire ou de dicter sans que son texte eût à subir de profondes retouches.

Jean Gigoux est né le 6 janvier 1806, à Besançon, dans l'atelier d'un maréchal-ferrant[1]. L'enfant grandit. Lorsqu'il put marcher et vivre dans la rue, avant qu'il eût atteint sa huitième année, il fut victime d'un grave accident. Surpris entre une muraille et une lourde charrette qui était en marche, la roue l'atteignit à la jambe et le blessa cruellement. L'enfant dut garder le lit, mais la blessure empira et le médecin prit conseil, ne sachant s'il ne devait pas amputer le membre malade.

Ce fut alors que la mère de Gigoux, comprenant tout ce qu'il y aurait d'irrémédiable et d'éternellement douloureux pour son fils dans la mutilation que l'on méditait, résolut de le sauver elle-même. Dès cet instant elle fut à la fois le médecin et la garde-malade de l'enfant. Ce fut elle qui inventa les remèdes, qui les

---

[1] Voici l'acte de naissance déposé par l'artiste au secrétariat de l'École des Beaux-Arts, en 1828 : « Extrait des registres des actes de l'état civil de la ville de Besançon, département du Doubs. — Du huit janvier mil huit cent six, à midy et quart, acte de naissance de Jean-François, né le six, à sept heures et quart du matin, fils de Claude-Étienne Gigout (*sic*), maréchal ferrant, âgé de trente-deux ans, né à Seveux, et de Françoise Lamarche, demeurant à Besançon, première section, mariés, présenté par le dit Claude-Étienne Gigout. Le sexe de l'enfant a été reconnu être masculin. En présence de Christophe Nenik, aubergiste, âgé de quarante-cinq ans, domicilié à Besançon, et de Jean-Marie Cheval, cocher du général, âgé de trente-quatre ans, domicilié à la dite ville, témoins requis, soussignés. Sur la requisition à nous faite par Claude-Étienne Gigout, père de l'enfant, et ont signé après lecture. Signé au registre : Gigout, Nenik et Cheval. Constaté suivant la loi par nous Charles-Antoine Seguin, adjoint au maire de cette ville, faisant les fonctions d'officier public de l'état-civil. Signé au registre : Ch. Seguin. »

prépara, et, voulant en surveiller l'effet, elle ne quittait plus le chevet du petit blessé. Quand la douleur écartait le sommeil des paupières du malade, la mère triomphait de la douleur par quelque chanson naïve et monotone que les femmes ont l'art de murmurer aux oreilles d'enfants. Telle, cette paysanne finlandaise dont parle Xavier Marmier, — un Comtois lui aussi, — qui endormait son nouveau-né dans son berceau d'écorce de bouleau en chantant à demi-voix :

> Dors, petit oiseau de la prairie; dors doucement, joli petit rouge-gorge.
> Dieu t'éveillera quand il en sera temps...
> Le sommeil est à la porte et dit : « N'y a-t-il pas ici un doux enfant qui voudrait dormir?
> « Un petit enfant enveloppé dans ses langes, un bel enfant qui repose dans sa couverture de laine ? »
> Dors, petit oiseau de la prairie; dors doucement, joli petit rouge-gorge.

Quelle est la ballade franc-comtoise que la mère de Gigoux chantait de préférence? Il n'importe. Ses chants, ses soins, ses caresses, son amour guérirent l'enfant au bout de quelques semaines.

Heureuse mère que son cœur a soudainement instruite des privations et des obstacles qui attendaient son fils s'il restait infirme! Tout infirme est un vaincu. Une défaveur durable s'attache dans notre société moderne à quiconque est privé des avantages du corps. Si la fortune ou le nom ne fait contrepoids à cette défaveur, l'infirme est déchu du droit de commandement. Lorsque des sympathies vont à lui, elles lui viennent d'hommes supérieurs ou se jugeant tels. Un infirme est souvent un protégé, rarement on le tient pour un égal. Que l'on s'étonne après cela de surprendre parfois un fonds d'amertume dans l'âme de l'infirme! Avec son bon sens populaire, la mère de Gigoux s'était pénétrée de cette vérité. Elle avait compris qu'un fils d'ouvrier, sans fortune et infirme, est irrévocablement condamné. Elle avait lu, la digne femme, non pas dans un livre, mais dans son cœur de mère ces curieuses paroles d'un contemporain : « Il faut admirer beaucoup les esprits qui s'agitent dans un corps malade; je ne crois pas que ce soit un blasphème d'affirmer que la santé est une des conditions du génie. Ah! que de soins, ah! que de peines, ah! quelle lutte acharnée et violente à qui veut surmonter l'obstacle : et si le corps est malade, il sera bien difficile d'accomplir ces travaux pleins d'insomnies. L'abîme que tu vois à ta droite, infortuné, tu vas le porter dans tes œuvres! » Voilà ce qu'avait deviné, avant que Jules Janin l'eût écrit, la mère de Gigoux. Aussi lorsque le peintre parlait de sa mère, pour laquelle il professa toujours la vénération la plus profonde, les expressions lui manquaient, et volontiers il citait le mot heureux de son compatriote Victor Hugo : « Ma mère... était ma mère! »

A peine adolescent, le fils du forgeron se recueillit et décida qu'il serait peintre. Le voisinage d'une artiste qui a joui plus tard d'une assez grande réputation, Mlle de Fauveau, a certainement aidé Jean Gigoux à caresser son rêve avec plus d'ardeur. Comment s'y prit notre peintre? Lui-même ne le savait plus, mais il avait obtenu d'être présenté à Mlle de Fauveau.

Je n'avais guère plus de treize ans, dit-il, quand eut lieu cette présentation. Jamais auparavant je n'avais approché personne s'occupant de peinture ou de dessin. C'était l'époque où Walter Scott jouissait de sa grande vogue. Ses romans très lus, exaltaient nos jeunes têtes. Mlle de Fauveau était certainement la plus aimable personne de Besançon.

Si Mlle de Fauveau fut la première à parler des maîtres devant le jeune Gigoux, celui-ci avait déjà reçu quelques principes du dessin. Un professeur l'avait entretenu dès lois de la peinture, et, naturellement, ce brave homme s'était empressé de mettre sous les yeux de son élève ses propres travaux. Or, il était miniaturiste. On devine ce que devaient être les panneaux hésitants et léchés de ce petit peintre qui n'a point laissé de nom. Gigoux, mis tout à coup en face d'une peinture désordonnée, hardie jusqu'à la crudité, avec des empâtements d'une exagération fantastique, eut la révélation de ce que peut l'artiste en face de sa toile. Cette licence d'un peintre inhabile faisait naître dans l'âme de Gigoux un vague sentiment de la force que porte en elle la liberté.

L'éducation littéraire de Gigoux se ressentit du peu de surveillance que ses parents étaient en mesure d'exercer sur lui. On le croyait en classe alors qu'il faisait l'école buissonnière. Mais il ne cessait d'user de ses crayons. Le *De Viris* n'avait point à ses yeux l'attrait d'un coin de ciel ou d'une scène de genre rapidement dessinée sur les bords pittoresques du Doubs ou du haut des remparts. Toutefois notre jeune homme avait fait choix d'autres livres. Sur ce point, je suis d'avis qu'il n'est pas bon de contrarier l'inclination d'un enfant. Si le livre de chevet de l'adolescent est un livre sérieux et digne, ne le fermez jamais. Quel que soit ce livre, il porte dans ses pages le secret de la vocation de l'enfant. C'est par une pente naturelle, irrésistible, c'est par une affinité de cœur ou de pensée que l'enfant va de lui-même au livre où il est question de ses pairs. Je connais tel historien qui, à l'âge de quinze ans, lisait sans se lasser jamais des encyclopédies biographiques. Des grands hommes de l'histoire, dans tous les ordres, il avait fait ses dieux. Les dieux de Gigoux ce furent les peintres et après les peintres ces héros taillés dans le granit pour l'immortalité par la plume incisive et sobre de Plutarque. Où ai-je pris ce détail ? Dans des pages écrites par Thoré, un ami de jeunesse de Gigoux.

> La vocation du jeune artiste, écrit Thoré, l'entraînait en dépit de tout obstacle vers le dessin et il faisait parfois de petits portraits au crayon pour ses amis. Un jour, on lui donna, en reconnaissance, la *Vie des hommes illustres* de Plutarque, et la *Vie des Peintres allemands, flamands et hollandais* de Descamps. Voilà Gigoux qui se met à lire, jour et nuit, ces drames si simples, où la volonté et l'intelligence de l'homme triomphent de la nature et de la société ; le voilà qui s'émerveille de ces luttes et de cette gloire ; et souvent des lueurs d'espérance passaient dans son cerveau : il entendait des voix mystérieuses qui lui soufflaient à l'oreille que, lui aussi, il était destiné à créer des œuvres vivaces et durables ; et dans ses instants de repos, il allait s'asseoir sous l'ombre de quelque bois solitaire, et il relisait l'histoire de ses peintres bien-aimés. Ses vagues pressentiments finirent par se changer en une volonté énergique qui enfanta son avenir.

En 1823, Gigoux remportait le premier prix de « Paysage d'après la gravure » à l'école gratuite de dessin de Besançon. Ce succès n'était pas de nature à flatter l'amour-propre du père de Gigoux. Le maréchal-ferrant commençait à trouver que son fils perdait beaucoup de temps à peindre. En homme pratique qu'il était, il avait son but : c'était de faire de son garçon un médecin-vétérinaire. Mais quelque habileté que mît le père à contrarier la vocation de son fils, celui-ci ayant reçu quelques commandes de tableaux d'églises, notamment pour la paroisse de Nods[1], dans l'arrondissement de Baume-les-Dames, le produit de ces premiers travaux lui permit de se soustraire à l'influence paternelle en

---

[1] L'éditeur de 1885 écrit à tort Neau.

s'échappant de sa ville natale. Il vint à Paris comme tant d'autres, riche d'espérance et de volonté. Ceci se passait au début de l'année 1828. Gigoux entrait à l'École des Beaux-Arts le 2 avril suivant.

Le premier gîte occupé par Gigoux fut une chambrette au n° 5 de la rue de l'Est. Mais il ne fit que passer dans cette maison et il alla planter sa tente dans la rue de Bondy. A des époques diverses, Frédérick Lemaître, Joséphine de Beauharnais, Mlle Laguerre, de l'Opéra, Paul de Kock ont habité la rue de Bondy. Gigoux choisit sa demeure au n° 70, tout près de l'hôtel des Rosambo, où le baron Taylor devait fonder un jour ses nombreuses sociétés de secours en faveur des artistes de tout ordre. Les premiers travaux de Gigoux dans cette demeure furent quelques lithographies. Puis il entreprit une grande Tête d'étude. Sa planche fut éditée, ainsi que plusieurs autres qu'il exécuta vers le même temps; puis le dessinateur prit ses pinceaux. C'est de cette époque que datent les relations de Gigoux avec Sigalon, Delacroix, Delaroche, Antonin Moine, Barye, de Vigny, dont il devait faire plus tard les portraits pour l'*Artiste*. N'oublions pas que déjà Sigalon avait exposé son *Athalie* au Salon de 1827, Delacroix, le *Christ au jardin des Oliviers* et *Marino Faliero*, Barye, plusieurs bustes, tandis que notre artiste ne devait débuter qu'en 1831. Cela ne l'empêcha pas de se lier avec les hommes d'avenir dès son arrivée à Paris. Decamps, Théophile Gautier, David d'Angers devinrent presque à la même date des amis pour Gigoux. Laissons-le parler de quelques-uns.

Decamps travaillait sans relâche, et Delacroix ne se lassait pas d'admirer la force de volonté de cet habile peintre. Cette admiration pour Decamps était d'ailleurs partagée par un autre vaillant homme, mais qu'il ne serait pas juste de placer au même plan que Delacroix. C'est à Sigalon que je fais allusion.

Le nom de Xavier Sigalon a eu un grand retentissement vers 1830. Beaucoup d'hommes dont les noms ont survécu se groupaient volontiers autour de lui. C'était un novateur hardi. Son audace lui avait fait un entourage. Le jeune maître avait sa cour dont le siège était le *Cheval Blanc*, sorte de cabaret situé au-delà de la Porte-Saint-Denis, au n° 56 du faubourg. C'est là que régnait Sigalon. Ses opinions, ses jugements faisaient loi pour ses auditeurs. L'irascible méridional n'admettait pas qu'on osât le contredire. Les commentaires, les observations n'étaient guère tolérés par cet esprit plein de rudesse, sans éducation, fait pour la dictature.

Quelque distance que le talent et l'éducation aient laissée entre Delacroix et lui, la personnalité de Sigalon est de celles dont il faut cependant tenir compte et je me plais à dire ce que je sais de ce brave homme.

Il était parfois tout d'une pièce. On l'eût pris pour un descendant des hommes d'autrefois. Il était capable de tous les sacrifices, de toutes les énergies lorsque sa passion maîtresse, c'est-à-dire son art était en jeu. Il avait un ressort d'acier dans la volonté. Rien ne le pouvait dompter avant qu'il eût atteint son but.

La *Locuste* qui avait remporté la victoire contre les classiques (avec moins d'éclat toutefois que le *Naufrage de la Méduse*), l'*Athalie* que l'on conserve au Musée de Nantes, la *Vision de saint Jérôme* qui est au Louvre ont été peints par Sigalon dans le grenier qui lui servait d'atelier. Je ne vous dis rien de sa chambre à coucher : ce devait être quelque soupente des environs.

La *Vision de saint Jérôme* dont nous parlons est la première commande que lui ait faite la Liste civile. Il avait fallu que Sigalon exposât la *Jeune Courtisane* et *Locuste* avant d'attirer sur lui les faveurs du pouvoir. Ces faveurs, du reste, ne lui firent pas de jaloux. La commande du *Saint Jérôme* fut de quatre mille francs. On connaît la composition. Le saint, couché sur la roche, se réveille au bruit terrifiant des trompettes du Jugement dernier. Cette toile tient son rang parmi les chefs-d'œuvre de notre école dans les galeries nationales du Louvre.

Sigalon n'avait pas le travail facile. Quelque longues que fussent les journées, il ne quittait la brosse qu'à la nuit. Des amis le venaient-ils voir, il descendait de son échelle, s'éloignait de trois pas, clignait de l'œil en regardant son tableau et répondait machinalement aux propos de son interlocuteur. Il était manifeste que les visites n'interrompaient pas le travail de sa pensée. Tout en écoutant parler autour de lui, le peintre cherchait l'expression juste qu'il donnerait à la tête d'*Athalie*, au torse de *Saint Jérôme*. C'est ainsi qu'un jour, en face de ce dernier tableau, nous le vîmes se répéter à lui-même : « Ce n'est pas cela... ce n'est pas cela... mon torse n'est pas assez apostolique. ».

Aucune hardiesse de langage n'effrayait Sigalon. Il poussait sur ce point l'audace jusqu'à la grossièreté. Ayant conscience de sa force, il manquait de cette adresse délicate qui permet à l'homme de valeur de se préparer la place qui lui est due lorsqu'on oublie de la lui offrir.

Decaisne, un peintre officiel de ce temps-là, très en cour, fort aimable homme, vint un jour chez Sigalon, peu après le Salon de 1827. L'*Athalie* n'avait pas été un succès auprès du public. La montre de Sigalon avançait. Mais les artistes, les gens de pensée, les indépendants de la presse avaient dédommagé par leurs éloges enthousiastes le peintre d'*Athalie* de la froideur dédaigneuse des ignorants. Decaisne crut pouvoir aborder ce sujet brûlant. C'était une faute. Il n'eut pas plutôt exprimé à Sigalon, dans les termes les plus mesurés, combien il était personnellement affligé de la chute de l'*Athalie*, que le peintre intraitable se retourna et toisant son interlocuteur d'un regard hautain dans lequel perçait sa colère, il s'écria d'une voix formidable en accentuant chaque syllabe : « Oui, j'ai fait une chute, mais une chute de géant. »

A l'époque où nous ramène Gigoux par ses souvenirs, l'école anglaise avait vu disparaître Bonington. Quel aquarelliste et quel peintre ! C'est à propos de Bonington que Delacroix a écrit dans une lettre à Bürger, — que nous appelons Thoré : — « J'ai beaucoup connu Bonington et je l'aimais beaucoup. Nous l'aimions tous. Je lui disais quelquefois : « Vous êtes roi dans votre domaine « et Raphaël n'eût pas fait ce que vous faites. Ne vous inquiétez « pas des qualités des autres ni des proportions de leurs tableaux « puisque les vôtres sont des chefs-d'œuvre. » Ainsi parle Delacroix dans sa droiture, dans son admiration pour un peintre contemporain de ses belles années. C'est du même peintre que Thoré doit écrire plus tard : « Bonington est une sorte de sylphe léger qui montre la nature en l'effleurant. » Gigoux ne l'a pas connu, Bonington étant mort le 23 septembre 1828 avant d'avoir accompli sa vingt-septième année. Mais le souvenir du jeune maître était vivace lorsque notre artiste fit ses débuts à Paris.

C'est, je crois, à l'un de nos derniers Salons, sur les divans du palais des Champs-Élysées, que Gigoux fut amené à nous dire quelques mots de Bonington.

Étrange métamorphose, dit-il, que les Salons d'aujourd'hui, si on les compare aux Salons de 1828, de 1831 et des quinze années qui suivirent. Aujourd'hui, plus d'œuvre conquérante, plus d'hommes de la taille d'Ingres, de Delacroix, de Vernet, de David et de Pradier, qui s'emparaient d'un seul coup de leurs lettres de maîtrise. Mais le public, la foule trouve le Salon bien plus attrayant. Les peintres se sont rapprochés d'elle. Ils placent sous ses yeux, à la portée de son goût, de son esprit, des œuvres agréables. Elles sont nombreuses. La plupart sont de bonne facture. Aussi la foule se presse au Salon. Elle regarde, sans trop songer à ce qu'elle voit ; mais le jeune peintre de nos jours a pris soin de prévoir cette nonchalance de l'esprit chez le visiteur. Lui-même s'est abstenu de penser. Aussi, comme la foule et lui tombent promptement d'accord !

Certes, les jeunes gens de ce temps ne ressemblent guère aux rapins d'il y a cinquante ans. Ils n'en cherchent pas si long que nous. A quoi bon ? Le public paie leurs toiles telles qu'ils les produisent. La plupart d'entre eux atteignent à l'aisance. Il en est qui vont jusqu'au luxe. Jadis nous n'avons pas connu tant d'opulence. Le commerce des tableaux qui se fait aujourd'hui jusqu'en Australie était centralisé à Paris. Paris était le producteur et l'acheteur. On n'eût pas trouvé vingt francs dans toute la France, en dehors de Paris, d'un excellent tableau. Aussi Bonington, qui est un maître de premier ordre, n'a guère vendu ses meilleures aquarelles ou ses tableaux que cent et cent cinquante francs. Je ne sais si ses plus belles choses ont atteint trois cents francs..

Bonington suivit l'atelier de Gros, au palais de l'Institut. Mais, soit que le jeune artiste comme l'a dit un de ses biographes, cédât souvent à la tentation de franchir le pont des Arts et de vivre au Louvre plus longuement qu'à l'atelier, soit que Gros inoccupé se désintéressât trop complètement des élèves qui se réclamaient de son patronage, il arriva que le maître ne connaissait ni le nom, ni les traits de Bonington. Entrant un jour à l'atelier : « Vous ne vous occupez pas assez de la couleur, dit Gros à ses élèves. Messieurs, tout l'art du peintre est dans la couleur et le dessin. Le dessin, c'est l'ossature ; la couleur, c'est la poésie, le charme, la lumière, la vie. Il n'y a pas d'œuvre durable sans la vie. Au cours de mes promenades à travers Paris, je rencontre aux vitrines des marchands des aquarelles et des tableaux ruisselants de lumière. Allez voir cela, étudiez cela, étudiez cela, Messieurs. C'est superbe. Ces œuvres sont signées Bodington, Bonington, je ne sais au juste ; mais, quel qu'il soit, ce peintre est un maître ! »

On raconte que Bonington, présent à l'atelier pendant que Gros parlait ainsi, baissait la tête et ne soufflait mot, perdu au milieu de ses camarades.

Cette anecdote avait cours dans ma jeunesse. Je l'ai entendu rappeler maintes fois par les élèves de Gros. Bonington est, en effet, l'homme de France et d'Angleterre qui a le mieux compris le jeu de la couleur et de la lumière. Que de chefs-d'œuvre n'eût-il pas produits s'il lui avait été donné de fournir une vie d'homme ! La nature avait tout fait pour lui.

Nous croyons utile de rapprocher de ce trait quelques paroles de Gigoux sur le peintre Valenciennes. Bonington et Valenciennes sont morts à moins de dix ans d'intervalle. Leur souvenir n'était pas effacé dans l'école en 1830, mais combien différente fut leur nature ! Valenciennes était de la famille de Vien, tandis que Bonington était de la race des maîtres. On le voit, ce n'est pas le même sang.

Valenciennes, — c'est Gigoux qui parle, — date de la fin du dernier siècle. Il a peint la nature telle qu'elle devrait être. Ne riez pas, je suis sérieux en m'exprimant ainsi. Homme de réaction à la suite de Louis David, il avait assez de talent pour faire mieux qu'il n'a fait. Mais il commença par suivre la mode, puis sans trop sans doute, ce fut lui qui donna le ton. A l'époque de mes débuts à Paris on allait voir au Luxembourg le tableau de Valenciennes, *Cicéron, questeur en Sicile, découvre le tombeau d'Archimède*. La toile est au Louvre. C'est le morceau de réception du peintre. Il date de 1787. Il y avait encore en 1830 des gens graves qui, de bonne foi, saluaient en Valenciennes le plus illustre représentant de notre école pour le paysage. C'était le cas de dire que ceux qui parlaient ainsi n'avaient rien oublié ni rien appris. Pendant ce temps, une révolution s'opérait parmi les peintres.

Je possède dans ma collection un grand et magnifique dessin de Valenciennes, dont le sujet, s'il était exécuté sur toile, servirait de pendant à la *Découverte du tombeau d'Archimède*. C'est une œuvre de valeur, très achevée, à l'estompe et au crayon. En ce temps-là c'était le règne de l'estompe. Conté venait d'inventer son crayon. Il n'y avait pas jusqu'aux miniatures qui ne se fissent à l'estompe. Les dessins de Prud'hon témoignent de l'habileté à laquelle on était parvenu dans le maniement de l'estompe et du crayon Conté. Decamps en usa beaucoup, puis la mine de plomb prévalut et ses croquis d'après nature furent presque tous exécutés à la mine de plomb.

J'ai nommé Prud'hon. Lui aussi venait de disparaître à l'époque dont je parle. Mais Prud'hon n'était pas absent de notre milieu. La place qu'il y avait occupée était trop grande pour que sa mémoire s'effaçât de sitôt. Cependant, contemporain de David, il n'avait pas comme lui laissé toute une phalange de disciples. Prud'hon n'a pas d'élève parce que le don de poésie ne peut se transmettre, et Prud'hon est poète autant que peintre. Ses personnages aériens, fuyant dans l'éther, noyés dans une vapeur légère et lumineuse, sont bien plutôt entrevus que dessinés. On dirait des êtres de fiction, traversant le ciel de notre pensée pendant que les dernières notes d'un hymne d'amour expirent sur le clavier.

Comme tous les poètes, Prud'hon parlait peu. Il aimait le recueillement. Le mot arrivait malaisement à ses lèvres, mais l'image, plus vivante que le mot, naissait d'elle-même au bout de son crayon. Il n'était pas avare de ses dessins. Quelques traits lui suffisaient pour traduire son rêve sur le papier. Et ce qui autorise pleinement le titre de poète que je me plais à donner à cet esprit délicat, toujours effleuré par le vent de la douleur, c'est que le rêve chez lui précédait tout travail de la main. D'autres cherchent leur pensée dans des coups de crayon jetés au hasard, comme un musicien jette des notes sans suite avant de saisir la mélodie qu'il voudrait fixer. Chez Prud'hon, rien de semblable. Son esprit fertile et douloureux, car son œuvre confine par tous les points à l'élégie, son esprit fertile et douloureux était plein de visions auxquelles il donnait à chaque heure, je n'ose dire un corps, mais une forme impalpable, radieuse et jeune.

François Devosge, directeur de l'école de Dijon avait été le maître de Prud'hon.

Devosge est l'émule de Vien [1]. Tous deux sont des précurseurs du retour de la peinture française vers l'antiquité. Quelle réputation n'a-t-on pas faite à Vien pour avoir été le maître de David et un rénovateur de notre art national ! Devosge est supérieur à Vien. Il avait pour lui le savoir, l'habileté, le talent. Devosge était un homme du monde accompli : c'était une intelligence, mais le théâtre sur lequel il dut vivre fut des plus humbles. Le cercle étroit de la vie provinciale l'a empêché de rayonner. Dijon peut être fier de Devosge, car c'est Dijon qui lui a volé sa gloire. Vien put vivre à Paris. Le secret de sa renommée, peut-être aussi, dans une faible mesure, l'accroissement de sa science pittoresque, doivent être imputés à Paris.

Aussi Vien eut David pour disciple et Devosge a Prud'hon.

Si Prud'hon eût été le contemporain de Michel-Ange à Florence, il aurait sa place auprès d'Andrea del Sarto. Si François Boucher, au lieu de naître en France au XVIIIᵉ siècle, était un homme de la Renaissance italienne, peut-être faudrait-il chercher ses œuvres parmi celles que nous a laissées Raphaël. Boucher, tout aussi bien que Prud'hon, était doué.

Je complétai les souvenirs de Gigoux en lui rappelant que Joshua Reynolds, il y a cent ans, parla de Boucher devant l'Académie royale de Londres. Il raconta qu'il s'était un jour présenté chez Boucher. Le peintre français travaillait, sans modèle d'aucune sorte, à une grande composition, et il avoua naïvement à Reynolds que l'étude de la nature ne lui semblait pas utile depuis qu'il était parvenu à l'âge d'homme. Reynolds se moqua finement de Boucher au sujet de cette confidence. C'était son droit. Mais les défauts de Boucher comme ceux de Prud'hon tiennent à des causes secondaires. Ces maîtres avaient en eux l'étincelle, et je doute vraiment que Joshua Reynolds, malgré son talent plein d'éclat, mérite jamais que l'on dise sur lui ce que Gigoux se plaisait à dire sur Boucher et Prud'hon : ces deux hommes jouiraient de toute renommée s'ils avaient appartenu à l'école toscane au XVIᵉ siècle.

A mainte reprise, dans ses entretiens, Gigoux est revenu sur Bonington et Prud'hon. Prud'hon, le poète du crayon que David appelait « Watteau », que d'autres avaient surnommé le « Corrège français », était l'objet d'une admiration profonde de la part de notre peintre. Ce n'est pas que Gigoux ait été en aucune façon l'imitateur du procédé de Prud'hon. Il ne se passait guère de jours que Gigoux ne travaillât devant la nature. Mais est-il sage de condamner les chefs-d'œuvre, quelle que soit la méthode qui les

---

[1] L'éditeur des *Causeries* publiées en 1885 écrit « de Vosges ». C'est une faute. De même ne fallait-il pas laisser dire à Gigoux que David et Prud'hon sont nés à Dijon. Le premier a vu le jour à Paris et le second à Cluny.

ait produits, quelques lacunes qu'on y relève? Il nous semble que les lignes qui précèdent renferment un croquis très juste de Prud'hon. Il dessine et il peint sans regarder. Son modèle est en lui-même. C'est un acte d'intelligence, c'est une lecture intérieure, — *intus legere,* — qui est son génie. Ainsi font les poètes. Ainsi Dante a chanté Béatrix et Francesca di Rimini; Michel-Ange, Vittoria Colonna; Pétrarque, Laure de Noves, muses disparues et toujours visibles, voix éteintes et puissantes parce que l'âme des poètes ne sait pas guérir et garde avec orgueil les glorieuses cicatrices d'un amour idéal.

S'il convient de dire de Prud'hon : c'est un poète, Bonington veut qu'on l'appelle le peintre. Il eut comme Prud'hon sa passion maîtresse. Il vécut d'un amour élevé. L'art a rempli toute sa vie. Il est mort consumé. « Il travaillait trop, il étudiait toujours », a dit Thoré. C'est son art qui l'a tué à l'exemple de ces jeunes maîtres dont les noms sont synonymes de gloire et de deuil précoce, Lucas de Leyde, Paulus Potter et cent autres. Entre tous, Bonington meurt le plus jeune, comme si la maturité rapide du génie était inconciliable avec une existence prolongée, de peur que l'humanité ne se décourage en face de ces hommes supérieurs pour lesquels la caducité des choses d'ici-bas cesserait d'être. Soit. Ne plaignons pas cet adolescent plus grand qu'un homme. Mieux vaut redire sur lui les vers du poète :

> Meurs donc ! ta mort est douce et ta tâche est remplie.
> Et puisque tôt ou tard l'amour humain s'oublie,
> Il est d'une grande âme et d'un heureux destin
> D'expirer comme toi pour un amour divin !

Mais si attachant que soit le souvenir de Bonington, les amis personnels de Gigoux ne nous permettent pas de nous attarder à l'évoquer. C'est Jules Janin qui nous appelle, Jules Janin dont Sainte-Beuve a dit : « Il s'est fait un style qui, dans ses bons jours et quand le soleil rit, est vif, gracieux, enlevé, fait de rien, comme ces étoffes de gaze, transparentes et légères, que les anciens appelaient de l'*air tissé,* ou encore ce style prompt, piquant, pétillant, servi à la minute, fait l'effet d'un sorbet mousseux et frais, qu'on prendrait en été sous la treille. » Jules Janin habitait alors auprès de sa vieille tante morte à quatre-vingt-treize ans. Gigoux ne tarda pas à le connaître. Qui donc parmi les jeunes de ce temps-là pouvait passer près de Janin sans le voir ou sans l'entendre? Personne.

Alfred et Tony Johannot, Eugène et Achille Devéria devinrent des camarades pour notre peintre pendant ces années brillantes qui avoisinent 1830 et auxquelles il serait permis d'appliquer le mot séduisant de Renaissance.

Le Salon de 1831 s'ouvrit le 1er mai au Musée royal. La dernière exposition datait de 1827. Est-ce pour dédommager les artistes vivants de la longue privation dont ils avaient souffert que le gouvernement s'abstint de limiter le nombre de leurs envois? Quoi qu'il en soit, le Salon de 1831 compta plus de 3000 ouvrages alors que celui de 1827 n'en avait renfermé que 1800. Ce fut un événement. Hersent, peintre timide et correct, reçut à cette exposition le premier avertissement de la défaveur du public. Horace Vernet ne fut guère mieux accueilli. Ses batailles de *Jemmapes* et de *Valmy*, populaires avant 1830, alors qu'il était interdit au peintre de les sortir de son atelier, perdirent tout intérêt au Louvre. L'histoire est de tous les temps; la politique n'a qu'un jour. On préférait, non sans justesse, à ces vastes toiles qui n'avaient ni la solidité ni le caractère des peintures militaires du baron Gros, la *Vue du pont de Dunkerque*, par Isabey, les portraits de Champmartin, les miniatures de Mme Lizinska de Mirbel.

Schnetz, Delacroix, Léopold Robert, Granet, de La Berge, Paul Huet et Sigalon qui avait exposé la *Vision de saint Jérôme* dont nous parlons plus haut, eurent aux yeux des artistes et de la critique les honneurs du Salon.

David, Pradier et Barye chez les sculpteurs dominaient sans conteste.

Gigoux glissa furtivement au Salon de 1831 quelques *Portraits* dessinés à la mine de plomb et diverses lithographies, pendant que son ami Antonin Moine envoyait au Musée royal ses premiers essais en sculpture. *La Chute d'un Cavalier* par Antonin Moine fut remarquée. C'était un bas-relief en plâtre, et malgré la différence des procédés, le nom de Géricault fut prononcé par plus d'un connaisseur devant le cheval modelé du jeune statuaire. On parla beaucoup de la composition charmante d'Antonin Moine, les *Lutins en voyage*, cavalcade fantastique de malins démons aux têtes fines et rieuses. On eût dit des *Lutins* du sculpteur qu'ils étaient les réprouvés du ciel idéal de Prud'hon. Moine, pour son début, avait en outre exposé deux cadres de médaillons que David d'Angers n'eût pas désavoués. « Deux têtes de femmes, écrivit à ce propos Gustave Planche, détachées du fond, ronde bosse, se colorent harmonieusement ; un grand médaillon de femme, vue de face, reproduit avec bonheur le type de la *Giocunda* de Léonard. Avant de le voir, je n'aurais pu croire qu'il fût possible de trouver dans la glaise ces yeux voilés et souriants, ces fossettes si jeunes et si enfantines, ce front pudique et timide, que M. Moine nous a donnés. Je ne sais pas si jamais la sculpture a lutté de plus près avec la peinture. Nous pouvons affirmer, au moins d'après deux exemples, que l'auteur a tout ce qu'il faut pour faire d'admirables bustes de femmes. Il possède tous les éléments nécessaires pour traduire fidèlement et sans pauvreté les moindres accidents qui se rencontrent dans une tête ; il entre à merveille dans l'esprit d'une physionomie ; or, le plus souvent la beauté d'une femme s'évanouit sous l'ébauchoir du sculpteur. » Certes l'éloge est enviable. Bien peu d'artistes ont eu la joie d'entendre ainsi juger leur premier essai. Des débutants de la taille d'Antonin Moine pourraient être salués du titre d'hommes supérieurs. Hélas ! combien la gloire est chose vaine ! Le statuaire avant de pétrir l'argile avait tenu le pinceau. On se souvenait d'avoir applaudi à des paysages signés de lui, exposés au Musée Colbert. Inutiles acclamations. Antonin Moine vivait dans le dénuement. Les commandes qu'il recevait comme peintre, pastelliste ou sculpteur étaient rares. La lutte inégale dans laquelle il devait succomber dix-huit ans plus tard avait commencé pour lui. Ses amis s'étaient émus de ce duel lent et douloureux d'un vaillant homme aux prises avec les difficultés de la vie, et Gigoux, l'un des premiers, avait essayé de venir en aide à l'artiste. Chargé de la décoration d'un hôtel, Gigoux s'était généreusement désintéressé d'un plafond au profit de son ami malheureux. L'intention louable de Gigoux ne réussit pas pleinement. On en jugera par cette lettre inédite d'Antonin Moine.

> Je ne sais, mon cher Gigoux, comment vous arranger cela. Votre tableau n'est pas fait, et cependant vous devriez l'avoir depuis longtemps. La bonne volonté que j'y ai mise n'a servi à rien de bon. J'ai tout gâté pour avoir voulu aller trop vite. Mon diable de *Vase* me

fera perdre la tête. M. Brongniart m'assassine. Je néglige tout pour lui et encore il trouve que je n'avance pas assez. J'ai voulu travailler pour vous à la dérobée, mais j'ai vu trop tard que ce moyen ne m'est pas favorable. Enfin j'ai regret de l'avouer, il faut que j'abandonne ce travail que vous m'aviez si gracieusement proposé, et qui, dans toute autre circonstance, m'eût fait à coup sûr le plus grand plaisir. Je suis surtout désolé de vous avoir fait attendre si longtemps pour rien. Excusez-moi, mon cher ami ; une autre fois je calculerai mieux les chances de réussite.

Le « diable de *Vase* » dont parle l'artiste était destiné à la manufacture de Sèvres que dirigeait alors le chimiste Alexandre Brongniart.

La lettre qu'on vient de lire et que nous avons empruntée à la collection de Gigoux, porte la date du 29 décembre 1831.

Victor Escousse habitait comme Gigoux au n° 70 de la rue de Bondy, lors de la catastrophe du 25 février 1832. On connaît l'histoire de l'infortuné. Il avait fait jouer avec éclat sur le théâtre de la Porte-Saint-Martin un drame en trois actes, *Farack le Maure*[1]. La première représentation eut lieu le 25 juin 1831. L'auteur n'avait pas dix-huit ans. A six mois de date, il donnait au Théâtre-Français une tragédie *Pierre III*, froidement accueillie par le public[2]. C'est alors qu'il s'associe Auguste Lebras, et en quelques semaines tous deux composent un drame, *Raymond,* qui est joué sans succès le 24 février 1832. Le lendemain, Escousse, désespéré, fait tenir ces lignes à Lebras : « Je t'attends à onze heures et demie, le rideau sera levé, je t'attends afin que nous précipitions le dénouement. » Lebras est exact au rendez-vous, et tous deux meurent asphyxiés dans la nuit.

Musset, qui méditait *Rolla*, au moment du double suicide de la rue de Bondy, ne s'était pas soustrait à l'impression générale causée par cette mort. On connaît les trois vers par lesquels se termine la fameuse apostrophe : « Dors-tu content, Voltaire ? » Ils renferment l'aveu terrible du scepticisme de l'époque :

---

[1] Pourquoi l'éditeur de 1885 a-t-il écrit « *Férouk le Maure* » ?

[2] Victor Escousse, dans une lettre datée du 2 décembre 1831, et adressée à René Perin, prie son correspondant de ne pas le décourager en critiquant trop sévèrement son ouvrage (*Pierre III*), et il ajoute : « Si vous convenez comme les autres journaux que mes défauts sont de mon âge, laissez-moi grandir, et je me dépouillerai de mes défauts. » (Cette lettre qui faisait partie de la collection du chevalier de R... a passé en vente le 30 novembre 1863.)

> Quand on est pauvre et fier, quand on est riche et triste,
> On n'est plus assez fou, pour se faire trappiste,
> Mais on fait comme Escousse, on allume un réchaud.

Pour être mieux frappés que les vers bien connus consacrés par Béranger à Escousse et à Lebras, ceux de Musset sont aussi plus désespérés.

Après tout, qu'y a-t-il donc de si poignant dans cette mort coupable d'un jeune fou que sa destinée avait fait célèbre dès l'adolescence ? Combien luttent sans trêve pendant de longues années et savent ne pas fléchir ? Notre âge, qui n'a pas la grandeur des temps où nous rappelle la jeunesse de Gigoux, a cependant ses compensations. Nous aussi, nous avons récemment conduit le deuil de deux jeunes hommes ensevelis le même jour dans une mort commune. Mais quelle distance entre le trépas d'Escousse et de Lebras et la fin tragique mais glorieuse de Crocé Spinelli et de Sivel ! Quand on veut mourir, on se fait tuer. La science, l'art, la patrie ne font guère moins de victimes que les batailles. Bonington, la Malibran sont morts pour l'art ; Crocé Spinelli et Sivel pour la science ; Flatters et Crevaux pour la patrie. Ceux-là n'ont pas répudié l'idéal ; ils ont vu par delà nos réalités terrestres, froides, mesquines, décevantes, et ils sont allés vers un but radieux, guidés par leur rêve comme autrefois les Mages par l'étoile d'Orient, et la brève apparition de ces enthousiastes dans nos rangs, de ces hommes dont l'âme, l'intelligence, l'activité habitaient les sphères supérieures, εν Θεος, en Dieu, pendant que leurs corps étaient près de nous, le rapide séjour de ces hommes d'élite sur notre terre est un exemple.

Au cours de l'année 1832, Gigoux transporta ses pénates rue Saint-André-des-Arts. C'est là qu'il devait peindre, sur une toile de quatorze pieds, les *Derniers moments de Léonard de Vinci*. Ce changement de domicile fit naître chez le peintre un amour du luxe qu'il est de notre devoir de révéler. Gigoux, le croirait-on ? à peine installé dans sa mansarde de la rue Saint-André-des-Arts, fit l'acquisition d'une courte-pointe de calicot ! Indice inquiétant pour la bourse de notre artiste. Où ai-je pris ce détail ? Est-ce le peintre qui me l'a confié ? Que nenni ! Je l'ai trouvé dans une lettre tout intime de Mme Benjamin Constant, femme d'esprit et de haute distinction, d'origine germanique. Un jour, Gigoux est en soirée chez les sculpteurs Joseph et Théophile Bra ; Mme Benjamin Constant est au nombre des invités. Notre peintre est en veine de belle humeur, — selon sa coutume, — et sans peine on lui fait raconter ses années disparues. Il parle de Besançon, de l'Allemagne, de la Suisse, de la rue de Bondy, des plages normandes et de sa coquette mansarde de la rue Saint-André-des-Arts. Or, dans son récit qu'il n'a point étudié, l'imprudent parle avec complaisance de sa courte-pointe de calicot ! De même qu'Érasistrate avait surpris dans un regard la passion d'Antiochus pour Stratonice, Mme Benjamin Constant saisit sous la parole émue de notre peintre, lorsqu'il rappela les splendeurs naïves de son ameublement, les rêves d'opulence qui l'avaient agité. Dès le lendemain, Gigoux recevait de Mme Benjamin Constant les lignes que voici :

> Après le souvenir de la soirée que je dois, Monsieur, à l'amitié des Bra, souvenir qui pour moi aura bien des lendemains, serait-ce trop présumer de vous, de vous demander de consacrer chez moi le samedi en venant avec ces mêmes amis faire un petit dîner bien simple, bien sobre, digne du temps où votre courte-pointe de calicot était du luxe pour vous ! Vous ne sauriez douter du plaisir que vous me ferez ; aussi, comme l'avare qui croit posséder déjà ce qu'il espère, j'aime à terminer ces lignes en vous remerciant d'avance de ne pas me refuser.

Quelle imprévoyance chez Gigoux de nous avoir laissé lire ce billet ! Le peintre n'y a vu sans doute que l'invitation d'une femme aimable, et voilà que nous y cherchons la trace accusatrice de prodigalités prématurées, à moins que cette histoire de courte-pointe n'ait d'autre objet sous notre plume que de faire connaître au lecteur les relations de Gigoux dans le monde d'hier.

Dès les premiers mois de son séjour à Paris, l'artiste avait fréquenté le salon de son compatriote Nodier, et Gigoux habitait encore rue de Bondy lorsqu'il manifesta le projet de faire le portrait de Marie Nodier qui lui écrit sans retard :

> Si vous êtes libre de me recevoir samedi, à midi, nous irons commencer ce charmant portrait dont je suis d'avance si heureuse.

Le peintre collaborait alors au journal l'*Artiste*, fondé par Ricourt. Nombre de portraits lithographiés par Gigoux datent de cette époque et furent publiés dans l'*Artiste*. Ce que David d'Angers avait entrepris avec l'ébauchoir, le peintre l'exécutait avec son crayon. Tous deux frappaient aux portes de leurs contemporains, l'un pour fixer leurs traits dans le bronze, l'autre pour les graver sur sa pierre. Heureux temps que celui où il est permis de présager une renommée durable à l'homme que l'on rencontre dans la rue, au spectacle ou dans les salons ! C'est à peine si de nos jours nous osons compter sur une semaine de réputation pour les plus habiles et les plus grands. Or, l'intuition des maîtres de 1830 ne les a pas trompés. Les hommes de leur jeunesse sont demeurés jeunes. Ils nous attirent. Nous vivons de leur vie. Les médailles de David, les lithographies de Gigoux sont les pages jumelles d'un même livre dont la lecture ne lassera personne.

Une part de l'attrait qui s'attache à ces documents pris sur le vif, « *ad vivum* », comme l'écrivait Coyzevox au pied de la statue de la duchesse de Bourgogne, doit être attribuée sans doute à l'ardeur généreuse de ces ouvriers en face de leur noble travail. On connaît ce billet de David d'Angers, laconique et joyeux comme un bulletin de victoire :

L'autre jour, l'abbé de Pradt m'a donné une séance dans une petite chambre d'introduction. Son domestique le coiffait. Je ne le voyais qu'à travers un nuage de poudre qui m'étouffait. N'importe, mon cœur battait. Je sortis de chez lui tout couvert de poudre, mais j'avais son profil.

Dans une autre occasion, David revient sur son labeur préféré.

Je poursuis ma galerie de contemporains malgré les dégoûts à essuyer. Pour obtenir de faire un portrait, il faudrait, pour ainsi dire, se mettre à genoux devant l'homme qui brûle de l'avoir. Je suis étonné que ma timidité disparaisse lorsqu'il s'agit de pareilles choses. Je ne vois plus que l'œuvre : j'oublie l'homme. Je deviens indulgent pour cette pauvre carcasse humaine, esclave des moindres accidents de l'atmosphère et des piqûres de la civilisation. Je n'envisage que le génie : c'est devant lui que je m'incline, car il est immortel. La carcasse disparaîtra bientôt, et pour toujours. Ces messieurs ne viendraient pas chez moi, mais je n'y tiens pas. On me rencontre avec une petite ardoise, courant comme si j'allais voir l'immortalité.

Ces dégoûts à essuyer dont parle David, Gigoux les a certainement connus. Ses démarches pour obtenir de faire les portraits de ses contemporains n'ont pas toujours été suivies de succès. Je n'en veux pour preuve que cette lettre de Scribe, datée de Montalais le 31 juillet 1832, qui ne renferme d'ailleurs rien de blessant pour l'artiste :

> Je commence par vous remercier Monsieur, de l'honneur que vous voulez bien me faire, mais j'ai toujours pensé que les traits d'un auteur de vaudevilles ne valaient pas la peine d'être montrés au public qui, je crois, s'en inquiète fort peu. C'est dans cette idée que jusqu'à présent je n'ai jamais voulu faire faire mon portrait. J'ai refusé des amis intimes à moi, lithographes, peintres ou sculpteurs qui, comme vous, Monsieur, avaient la bonté de me le demander, et vous l'accorder maintenant serait pour eux un procédé peu obligeant dont leur amitié aurait droit de s'offenser.

Si Dorine avait pu lire cette lettre, elle n'eût point manqué de dire :

> Qu'il soit ou non poli, un refus n'a qu'un nom.

La suscription de la lettre d'Eugène Scribe mérite d'être relevée :

A Monsieur Gigoux, éditeur de l'Artiste.

C'est ainsi que le collaborateur de Ricourt est trahi par ses propres correspondants.

Gigoux est plus heureux avec George Sand. Il est vrai que Gustave Planche est dans le complot et c'est le critique déjà redouté de la *Revue des Deux Mondes* qui écrit en ces termes pleins de mystère :

> Mon cher ami, je vous enverrai demain mardi à midi la personne dont je vous ai parlé pour le portrait à la mine de plomb. Si vous ne me faites rien dire dans la journée, je croirai que vous êtes chez vous à l'heure indiquée.

On ne peut rien souhaiter de moins compromettant que ce billet pour l'auteur de *Rose et Blanche* et d'*Indiana*.

Mais le Salon de 1833 nous talonne et Gigoux se propose d'envoyer au Musée Royal les portraits lithographiés des Johannot, d'Antonin Moine, de Delacroix, de Delaroche, de Sigalon. Ces artistes se succèdent dans l'atelier du peintre où ils rencontrent de temps à autre le lieutenant-général Josef Dwernicki et le comte palatin, général en chef de la garde nationale de Pologne, Antoine Ostrowski.

L'histoire de ces grands proscrits est connue. Dwernicki est à jamais célèbre par la défaite du général Geismar à Stoczek, du général Krentz à Nova-Wies, le ravitaillement du fort de Zamosc et la victoire de Boremel remportée sur le général Rüdiger dont les troupes égalaient quatre fois en nombre celles de Dwernicki.

Le comte Ostrowski n'est pas moins illustre. Implacable ennemi de la Russie, il avait fondé sur la route de Cracovie la colonie de Tomaszow qui devint promptement florissante. Lors de la révolution de 1830, il pénétra dans Varsovie, et, secondé par son frère Wladislas, sa conduite fut celle d'un héros pendant que dura l'agonie sanglante de la Pologne. Au lendemain de ces jours glorieux, les deux frères d'armes furent exilés et Montalembert les ayant fait asseoir à son foyer, ne parla plus de la Pologne dans les Chambres françaises qu'en lui donnant le nom de « Nation en deuil ».

Gigoux devait exposer au Salon de 1833 les portraits peints de ces deux vaillants Polonais. L'exil a son auréole.

Mais avant de juger le fin profil des Johannot, dessiné par notre peintre, sachons de lui ce qu'il pense de ces jeunes artistes.

C'est le burin qui détermina chez les Johannot la vocation du dessinateur. Il n'y a nulle étude préalable à l'origine de leurs illustrations. Les maîtres leur étaient inconnus. Ils n'avaient pas eu le temps de lire les chefs-d'œuvre de la peinture, tout occupés de parcourir les vieux missels, les chartes enluminées afin d'y surprendre le moindre détail du costume intéressant le moyen-âge. Bref, les premières investigations que firent Alfred et Tony Johannot dans le domaine de la couleur furent dirigées vers la couleur locale, l'exactitude. Initiation périlleuse. Leurs vignettes se comptent par milliers. Presque toutes sont charmantes. Ces deux jeunes hommes ont été pour notre temps de véritables et brillants rénovateurs de l'illustration, telle que l'entendaient les maîtres habiles du dix-huitième siècle. Et Dieu sait quel trésor de grâce ils ont dépensé dans leurs figures, surtout dans les figures de femmes ! Le romantisme n'a rien rêvé de plus charmant. L'originalité est la qualité maîtresse de leur œuvre immense.

Je fis en 1832 leur portrait pour l'*Artiste*. Alfred était l'aîné. Très contenu, de manières réservées, parlant peu, il n'avait pas l'extérieur accueillant. Beaucoup de gens ont pris ces dehors pour de la froideur. Tel n'était pas le fond de sa nature. Alfred Johannot se sentait miné par une maladie de poitrine. Lui-même m'a confié qu'il en était parfois à retenir sa respiration. Il est mort le 7 décembre 1837 [1].

On conserve au Musée de Versailles plusieurs tableaux d'Alfred Johannot, remarquables par l'entente de la composition. Il avait acquis en dessinant ses innombrables vignettes une souplesse d'imagination qui le rendait apte à tirer un tableau de la moindre scène dont le hasard le faisait témoin. Une autre qualité qui distingue les compositions d'Alfred Johannot, c'est le naturel et la vérité de ses personnages. Tous sont authentiques. On dirait que le peintre a connu l'individu, la personne intime chez Rob-Roy ou Louis XI, qu'il a suivi ses héros à l'heure où ils se croyaient sans témoins, aussi l'attitude et le geste sont-ils de l'homme. Quant aux fonds dans les tableaux d'Alfred Johannot, ils n'ont jamais rien de banal ; le peintre les recule à son gré d'après des mathématiques dont lui seul est maître.

[1] L'éditeur de 1885 laisse dire à Gigoux que Johannot mourut « vers 1836 ». Il eût suffi d'ouvrir une biographie du peintre pour rectifier cette erreur de mémoire.

Tony a plus d'adresse encore. Sa physionomie l'indique, ce fut une âme heureuse. Le succès l'attendait au terme de toute tentative. Il n'eut qu'à vouloir. Tony avait l'instinct de la peinture. Il était doué. Malheureusement pour lui, pas plus que son frère Alfred, il n'avait reçu l'éducation première qui fait l'artiste. Quant à suppléer au temps de son âge mûr à ce qu'il n'avait pas acquis dès l'enfance, Tony n'en eut pas le loisir, ni peut-être le courage. Le succès éperonne les âmes bien trempées et précipite leur marche vers l'idéal entrevu. Au contraire, le succès retient les natures qui n'ont rien d'austère. Elles s'attardent volontiers à goûter l'harmonie de l'éloge, l'enchantement des sourires, l'ivresse des adulations prolongées. Et le point de la route où la célébrité les a séduits devient aussitôt le terme de leur voyage. Qu'importe les sommets, c'est-à-dire la grandeur, la perfection, le génie à l'homme que son talent facile fait l'objet des acclamations d'une époque ! Les heureux sont timides et craignent de tenter la gloire. Tony Johannot fut un heureux et n'ambitionna pas d'être autre chose. Guidé par son frère Alfred, il parvint au point de vue de la composition à rivaliser avec lui. Tous deux sont des arrangeurs pleins d'adresse. Mais où Tony excelle et demeure de beaucoup supérieur à son frère, c'est dans la création, la pose, le jeu d'une figure de femme. Il est sur ce point hors de pair. En revanche, il n'a jamais gravé dans les traits de ses personnages ce signe caractéristique, cette vérité saisissante qu'Alfred savait écrire de main d'artiste.

Tous deux ont vécu dans la plus étroite intimité. Ils étaient l'un et l'autre d'une modestie parfaite, ne provoquant jamais leur interlocuteur à parler de leurs œuvres ou de leurs personnes.

Alfred avait une façon de travailler qui donnait la mesure de sa conscience d'artiste, et Tony, pendant les années de leur vie commune, imitait volontiers les procédés d'Alfred. Celui-ci faisait poser le modèle pour la moindre vignette. Il exécutait un premier dessin qu'il « poussait » plus ou moins, selon que le personnage devait occuper le premier ou le second plan dans la composition projetée. Ceci fait, il passait à une autre figure. Parfois, lorsqu'il avait dessiné, un à un, tous les acteurs d'une même scène, il faisait un croquis d'ensemble avec le secours de ces mêmes études, et il attaquait alors son aquarelle ou son dessin.

Un jour de l'année 1832, comme je me trouvais dans l'atelier d'Alfred Johannot, il me demanda de poser pour un des personnages de son tableau, *Entrée de Mademoiselle de Montpensier à Orléans pendant la Fronde en 1652*[1]. Il exécuta mon portrait en une séance et n'eut pas besoin d'y revenir.

Le lendemain du jour où Gigoux nous avait fait cette confidence sur les frères Johannot, nous étions au cabinet des Estampes, cherchant une gravure de l'*Entrée de Mademoiselle de Montpensier à Orléans* afin d'enrichir d'une pièce l'iconographie de notre peintre, son portrait, — il nous l'avait dit — ayant pris place dans ce tableau. Nos recherches furent laborieuses. M. le comte Delaborde, M. Duplessis eurent grand'peine à découvrir un petit bois dessiné par Paul Girardet et gravé par Gauchard, dans lequel il nous fut impossible de reconnaître le profil de Gigoux. La planche est mal venue. Il nous restait la ressource de recourir à la toile de Johan-

[1] L'éditeur de 1885 aurait pu consulter le livret du Salon de 1833 ; il n'aurait pas donné un titre fantaisiste au tableau dont il est parlé ici.

not achetée en son temps par l'État et placée au Luxembourg. Vain espoir. Nous lûmes au bas de la planche de Gauchard : « Ce tableau a été brûlé au Palais-Royal le 24 février 1848. » Ainsi l'œuvre admirée d'un peintre foudroyé par la mort à trente-sept ans ne lui avait survécu que dix années. Nous sortîmes rêveur de la Bibliothèque Nationale, et il nous revenait à la mémoire que c'était la princesse Marie d'Orléans qui avait assuré la réputation d'Alfred Johannot comme peintre en achetant deux de ses toiles du Salon de 1831, à la suite duquel il avait reçu la médaille d'or et la croix d'honneur. Et l'écroulement du trône de Juillet devait emporter dans sa ruine l'*Annonce de la Victoire d'Hastenbeck* et l'*Entrée de Mademoiselle de Montpensier à Orléans,* les deux œuvres maîtresses du peintre anecdotique.

Nous avons entendu Gigoux reporter sur la sympathie que s'étaient acquise les Johannot la vogue de sa lithographie d'après ces deux artistes. Mais il nous sera permis de dire que les portraits d'Alfred et de Tony Johannot sont peut-être, avec ceux de Delacroix et de Gérard, les plus achevés de tout l'œuvre iconographique de Gigoux. Il nous plaît de relever ce détail afin de marquer par un trait de plus la bonne camaraderie de ces temps lointains. Charles Blanc, parlant des Johannot, peu après la mort de Tony, rappelle l'œuvre considérable de ces descendants de Cochin, d'Eisen, de Saint-Non, et il ajoute : « Ainsi fut inaugurée dans les livres, par Tony Johannot, en même temps que par Gigoux, cette illustration familière et libre qui nous a valu tant de croquis spirituels et pleins de saveur, croquis improvisés par le peintre entre deux phrases et qui nous font entrevoir un intérieur, une campagne, un ciel, par une fenêtre ouverte dans le papier. » On le voit, c'est un témoin de ce temps-là qui le rappelle, les Johannot et Gigoux étaient des émules ; ils marchaient dans le même sentier, vivant d'un labeur commun... Ce furent trois amis.

Mais, ne nous y trompons pas, dit un jour Gigoux, ni les Johannot, ni les Devéria n'avaient la puissance de Delacroix, et cependant la vogue de ces peintres aimables a prolongé le temps d'indifférence pendant lequel a dû vivre Delacroix. Dans sa détresse et sa solitude, l'auteur de *Sardanapale* ne cessa jamais de peindre d'après la tradition des vrais coloristes. Je m'entretenais un jour avec Barye des peintures de Delacroix. — Avez-vous observé, demandai-je au sculpteur, que les terrains, sur les toiles de notre ami, sont ordinairement plus clairs que le nu de ses personnages ?

— C'est vrai, répondit mon interlocuteur.

— Les anciens, répliquai-je, n'ont pas fait de même. La plupart du temps, leurs terrains sont plus foncés que les chairs.

Barye demeura frappé par cette remarque, et notre entretien se prolongea quelque temps sur ce sujet. Nous rappelions les scènes peintes dont le souvenir nous était resté et presque invariablement nous tombions d'accord que dans les tableaux dont le sujet a pour théâtre l'Orient, Delacroix n'avait pas suivi la méthode trop en usage avant lui.

— Conclusion, dit tout-à-coup Barye, Delacroix est dans le vrai : l'épiderme des gens du Midi est plus bronzé que les rochers ou le sable du désert. Tôt ou tard, la conscience du peintre lui sera comptée. Ses scènes orientales sont d'une vérité de tons mathématique.

Jamais une page de peinture signée par Eugène ou Achille Devéria ne retint les esprits sérieux dans l'étude attentive du procédé. Les Devéria ont escompté les suffrages de l'avenir au lendemain d'un triomphe, sans se douter que toute une vie d'efforts, de méditation, de labeur sérieux suffit à peine à la conquête d'une renommée durable.

Parole juste et profonde, réalisée en ce siècle par un maître dont le premier succès devança de bien peu d'années celui d'Eugène Devéria. Nous voulons parler d'Ingres. Connu par son tableau le *Vœu de Louis XIII*, Ingres, au moment où Devéria exposait la *Naissance d'Henri IV*, envoyait au Louvre l'*Apothéose d'Homère*. Cette peinture consacra la gloire de l'artiste. Que fit-il de cette gloire ? Meilleur gardien de son nom que Devéria ne sut l'être du sien, il se retira dans cette région sereine dont a si bien parlé Théophile Gautier, au-dessus des disputes d'école et s'y maintint avec une tranquillité majestueuse, cultivant le beau sans distraction.

Villemain a dit que la littérature mène à tout, pourvu qu'on en sorte. Il ne faut pas attendre de l'art un pareil firman. Quiconque franchit une fois sa frontière lui devient étranger. Nous possédons dans notre collection d'autographes, — moins riche assurément que celle de Gigoux, — une lettre inédite d'Eugène Devéria à son frère Achille. Elle est écrite de Rennes et porte la date du 11 novembre 1833. La formule finale justifie pleinement le dire de Gigoux sur les rapports des deux frères : c'est bien Eugène qui est, comme artiste, le fils d'Achille, aussi sa lettre se termine-t-elle par ces mots expressifs : « Ton œuvre, Eugène Devéria. » Mais cette lettre renferme une attestation moins consolante. Dès 1833, c'est-à-dire six ans à peine après le triomphe imprévu de la *Naissance d'Henri IV,* Eugène Devéria n'est pas fidèle à son art et cherche, vaille que vaille, les commandes les plus étrangères à la nature de son talent. Écoutons ce qu'il écrit :

J'ai raté ici une belle affaire de gloire que je croyais bien mettre dans mon sac de provision. C'était dix statues de six pieds, à mille francs pièce, en pierre, faites seulement par devant, pour une salle de spectacle que l'on bâtit. Lanno, de Rennes, les avait refusées assez impertinemment, puis, au moment où j'allais peut-être les gober, paf! voilà un de ses amis qui l'engage à faire une amende honorable et on les lui rend! Je comptais presque sur ce travail, et ça m'a véritablement désappointé, autant comme guignon de non-réussite que pour le fait en lui-même. C'était une belle occasion de te payer en la monnaie que tu aimes de ma part, pour la peine que tu t'es donnée après moi! Le plaisir que je savais te faire est entré pour beaucoup dans ma contrariété.

Eugène Devéria sculpteur! Le peintre applaudi de la *Naissance d'Henri IV,* aspirant en pleine réputation, à exécuter dix statues « faites seulement par devant »! Où est l'art dans un travail de cet ordre?

Gigoux, nous l'avons vu, avait de nombreuses relations en dehors des ateliers. Il connut vers 1830 un homme d'esprit, rédacteur du *Globe,* qui venait de publier, sous le pseudonyme de M. de Fougeray, une série de proverbes dramatiques où il n'était question que de politique. Ces proverbes avaient pour titre les *Soirées de Neuilly,* et Auguste Cavé en était l'auteur principal. Au lendemain de la Révolution de Juillet, Cavé obtint la charge de directeur des Beaux-Arts et des théâtres au ministère de l'Intérieur.

La haute fonction que remplit Cavé lui permit à plus d'une reprise d'obliger les artistes avec lesquels il était lié. Gigoux bénéficia souvent de l'amitié de Cavé, mais il lui arrriva fréquemment de mettre son crédit au profit de confrères trop modestes ou trop fiers pour faire antichambre chez le directeur des Beaux-Arts.

Les souvenirs du peintre nous ont distrait du Salon de 1833. Aux ouvrages cités plus haut et que l'artiste soumit aux suffrages du public, il convient d'ajouter *Henri IV écrivant des vers sur le missel de Gabrielle d'Estrées.* Cette peinture, gravée par Girardet, ami de Léopold Robert, est demeurée la propriété de Gigoux. Deux portraits peints se trouvaient encore inscrits au livret sous le nom de l'artiste : *Portrait de femme peignant un paysage d'après nature.* Ce portrait était celui de Mlle Journet. Enfin *Madame***.* Le modèle était Mme Taillandier. L'œuvre a été offerte à cette femme distinguée. M. Taillandier, homme politique, avait un salon dont les honneurs étaient faits avec beaucoup de tact par sa femme. C'est chez Taillandier que Gigoux fit la connaissance de

David d'Angers. Le portrait de Mme Taillandier n'a pas été lithographié. L'ensemble des ouvrages exposés au Salon de 1833 par Gigoux lui valut une médaille de deuxième classe. Il reçut l'annonce officielle de cette récompense par une lettre du comte de Forbin, datée du 3 mai [1].

Huit peintures de Gigoux figurèrent au Salon de 1834. *La bonne aventure* est une œuvre de genre. La toile est au musée de Besançon. Flavien de Magnoncour, ancien maire de la ville, a été le donateur de cet ouvrage. Il en existe une lithographie et une gravure sur bois. Un ami de Gigoux, le peintre et critique Gabriel Laviron, se trouve représenté dans cette composition sous les traits du soudard qui soutient la main de la jeune fille à laquelle un vieillard prédit l'avenir avec sérénité. *Saint-Lambert et madame d'Houtetot* confine à la peinture anecdotique. Une lithographie de cette composition a paru dans l'*Artiste*, et l'œuvre, après avoir fait partie de collections particulières, a de nouveau passé en vente il y a près de vingt ans. *Le comte de Comminges reconnu par sa maîtresse* est une page historique. L'œuvre est au Musée d'Amiens. Gigoux croyait se souvenir que sa peinture lui avait été payée 400 francs, tandis qu'une copie du même tableau par un élève de Drolling aurait rapporté 4000 francs au copiste. Le fait est-il exact ? A l'époque où fut exposé le *Comte de Comminges*, Gigoux connaissait à peine Decamps et il nous a raconté ce trait : « Decamps visitant le Salon s'arrêta devant le *Comte de Comminges* et déclara que la peinture était excellente, ajoutant d'ailleurs qu'il ignorait le nom de son auteur. On me nomma et Decamps cessant tout à coup de faire l'éloge du tableau, resta muet. » On devine le sous-entendu, mais nous qui voulons croire à la bonne camaraderie dont se réclament, à si juste titre, la plupart des artistes, nous hésitons à croire que le silence de Decamps ait eu le sens d'une désapprobation dictée par un sentiment de jalousie. Decamps était alors en pleine gloire et n'avait rien à craindre d'un débutant. *Le Portrait*, tel est le titre de la troisième œuvre exposée par Gigoux. Prévost l'a gravée. Le député Taillandier, qui déjà

---

[1] L'éditeur de 1885 laisse dire à Gigoux qu'il obtint une seconde médaille au Salon de 1832. Il n'y eut pas de Salon en 1832.

possédait le portrait de sa femme par notre peintre, voulut avoir le sien, et cette peinture parut au Musée Royal. Il n'existe de ce portrait qu'une lithographie insuffisante, faite par Gigoux et qu'il répudiait comme indigne de lui. *Mademoiselle I.*, et *M. A. H.*, deux autres portraits également exposés en 1834, n'avaient laissé aucun souvenir dans la mémoire du peintre qui n'a pu nommer ses modèles quand nous l'avons interrogé sur ce point. Enfin, le portrait de *M. G. L.* (Gabriel Laviron) complétait l'envoi de Gigoux au Salon. Cette peinture, réexposée à Cambrai en 1838, valut à son auteur une médaille d'argent. Gigoux en fit don, en 1860, au Musée de Besançon.

L'effort du peintre avait été considérable. Ce fut peine perdue aux yeux de la critique. Les publications autorisées ne signalèrent pas les tableaux de Gigoux. Pourquoi ? Je soupçonne volontiers la critique d'avoir tenu rigueur au peintre de la popularité dont il jouissait à l'occasion de ses dessins pleins de verve, d'humour, de justesse, dispersés dans le texte de *Gil Blas* que Paulin faisait paraître par livraisons. *Gil Blas* est un travail de haut mérite, et je n'entends pas parler du roman de Lesage qui n'a plus besoin d'éloges, mais de l'illustration de ce roman par Gigoux. Six cents dessins improvisés, n'est-ce rien dans l'œuvre d'un même maître ? Je dis improvisés, car Paulin, éditeur prudent, — la fonction l'exige, — n'avait d'abord fait marché avec notre artiste que pour deux cents dessins, puis le succès, un succès immense, ayant répondu à la mise au jour des premières livraisons, Paulin s'était empressé de demander à l'artiste deux cents autres dessins, puis enfin deux cents autres encore. Et pendant ce temps le texte paraissait à intervalles réguliers. Sous peine d'enlever tout équilibre à la publication, il fallait que chaque livraison renfermât à peu près un nombre égal de dessins. Or, ce n'est pas chose aisée d'être spirituel au jour le jour, à heure dite, lorsqu'on chemine bras dessus bras dessous avec un homme d'esprit de la taille de Lesage. Le problème étant posé, Gigoux l'a résolu à son honneur. Son *Gil Blas* est un livre toujours goûté. C'est au *Gil Blas* que l'artiste doit sa popularité, et l'approbation qui vient des foules est un point d'appui.

De critiques sévères sur le *Gil Blas* de Gigoux, il n'en faut pas chercher, surtout dans les écrits de l'époque où parut l'illustration de ce livre curieux et pétillant de jeunesse. Mais peut-être les peintures de l'artiste, envoyées au Salon de 1834, furent-elles l'objet d'articles peu bienveillants? Ce qui nous autorise à penser de la sorte, c'est une lettre de Paulin, conservée par Gigoux. Qu'est-ce que Paulin? L'éditeur du *Gil Blas*. En homme avisé, Paulin a su se ménager des relations dans la presse. Il est en excellents termes avec Carrel, directeur du *National*. Laissons parler Paulin :

> Mon cher Gigoux,
>
> Je n'ai pas besoin de vous dire que je suis désolé de ce qui vous concerne dans le feuilleton du *National* qui est aussi contraire à mon sentiment qu'à l'intérêt amical que je prends à tout ce qui vous touche. Je ne comprends pas comment l'auteur de cet article, qui savait d'ailleurs combien nous aurions voulu que le *National* vous fût agréable, a pu porter ce jugement dont Carrel m'a exprimé hier tout son regret en me priant de vous dire que, s'il avait pu lire ce feuilleton avant qu'il fût imprimé, il ne l'aurait pas laissé passer. Dès que Carrel sera libre, il pourra aller au Musée ; il verra encore mieux combien on a été injuste à votre égard, et son regret s'en augmentera, mais aussi le désir de réparer envers vous cette injustice.
>
> Tout à vous,
>
> 15 mars 1834.   PAULIN.

J'ignore ce que fit Carrel pour notre artiste, mais on le pressent ; en rappelant cet incident, nous avons pour but de nommer les contemporains de Gigoux, qui devinrent sinon ses amis au sens strict de l'expression, tout au moins les appréciateurs de son mérite et, le cas échéant, ses partisans ou ses défenseurs.

Au premier rang des critiques sincères que rencontra Gigoux à ses débuts, il convient de nommer Alexandre Decamps. Ce dernier, dans *le Musée, revue du Salon de 1834,* signale en ces termes élogieux l'une des compositions du peintre :

> Dans son *Comte de Cominges*, M. Gigoux a prodigué le sentiment le plus fin, la touche la plus spirituelle que nous lui connaissions ; ce petit ouvrage, qui a constamment été mal placé pendant la durée du Salon, est une des plus heureuses inspirations de l'artiste[1] ; le portrait de M. G. L. révèle dans M. Gigoux des qualités d'un ordre supérieur, un talent plus grave et une exécution plus habile, quoique la valeur générale du ton et du modelé ait encore quelque indécision.

L'artiste, homme de labeur sans trêve, ne se bornait pas à exposer à Paris. Nous avons sous les yeux le diplôme d'une

---

[1] C'est Dauzats qui avait prêté à Gigoux le costume de Franciscain dont celui-ci devait se servir pour peindre l'un des personnages de son tableau. Dauzats et Gigoux étaient amis depuis plusieurs années déjà.

médaille d'argent qui lui fut décernée le 12 décembre 1834 par le jury de l'exposition de Lille à laquelle il avait envoyé un tableau ayant pour titre l'*Escalier de Versailles*. En son temps, Le Brun avait traité ce sujet. Qu'est devenue la toile de Gigoux ?

<small>Si encourageants que fussent des succès de cet ordre, l'artiste ambitionnait de plus éclatants triomphes. — C'est Thoré qui s'exprime ainsi. — Les maîtres l'empêchaient de dormir. Il lui fallait quelque large composition où il pût déployer ses moyens et son originalité. Quel sujet prendra-t-il dans l'histoire du génie ? Son admiration pour Léonard de Vinci détermina son choix : il exprima les derniers moments de cette belle vie consacrée tout entière aux diverses branches de l'art.

On ne sait guère dans le monde ce que coûte à l'artiste un grand tableau ; je parle des frais d'exécution. Pour payer les modèles et les couleurs, Gigoux avait, heureusement, une ressource. On l'avait chargé, nous l'avons vu, des illustrations du *Gil Blas*. Ce bonheur-là fut aussi un bonheur pour le public qui aime les belles choses. Le soir, Gigoux dessinait ses vignettes sur bois ; le jour, il peignait son *Léonard* ; et cela durant des mois entiers d'un travail opiniâtre, un travail de quinze heures à manier la brosse ou le crayon. Enfin, le *Léonard* parut en 1835. Ce fut le tableau capital du Salon.

Le vieux peintre florentin est représenté au moment où il quitte son lit pour recevoir la communion. Il est soutenu par ses élèves et par le roi François Ier ; car, en ce temps-là, les princes de la terre se courbaient parfois devant les princes de la poésie : l'art était aussi une royauté. Le tableau de Gigoux traduit avec bonheur cette scène solennelle. Le vieillard resplendit de cette religion poétique qui lui fit demander pardon à Dieu de *n'avoir pas assez fait de peinture* ; ce fut son seul remords et sa seule confession. Le roi chevalier pose là comme à un tournoi. Les élèves du grand peintre sont tristes et recueillis. Le prêtre s'avance avec l'hostie sacrée, et de naïfs enfants portent les accompagnements du culte. Tout le premier plan est baigné d'une lumière dorée qui jaillit par une galerie de gauche. Dans le fond, on voit un lit sculpté, avec des rideaux de damas. Les vêtements blancs des prêtres sont en pleine lumière, tandis que le damas rouge est dans la demi-teinte ; et ces difficultés sont supérieurement vaincues. Plusieurs têtes sont remarquables de caractère ; celle de trois quarts, à l'extrémité gauche du tableau, est le portrait de l'auteur lui-même. La tête de François Ier, renversée de côté et vue en raccourci, nous a toujours semblé trop petite et d'un dessin moins élevé que les autres figures.

Le *Léonard* est aujourd'hui au musée de Besançon. Il fut acheté par le ministre de l'Intérieur moyennant 4000 francs, c'est-à-dire un peu moins que ce qu'il a coûté de frais matériels. Gigoux obtint en outre la grande médaille d'histoire.</small>

L'arrêté d'acquisition, signifié au peintre par Cavé, chef du bureau des Beaux-Arts et ami de Gigoux, porte la date du 19 juin 1835. Le tableau placé au musée de Besançon a passé sous nos yeux à l'Exposition universelle de 1889. Nous ne le connaissions, avant cette date, que par la superbe lithographie de Mouilleron. Il serait puéril de faire un grief à l'artiste de la scène qui l'a séduit. Léonard n'est pas mort en présence de François Ier, mais la légende, en 1835, n'était pas encore une légende. On tenait le fait pour véridique. Il est d'ailleurs pittoresque et non sans grandeur.

Un peintre s'en est emparé, c'était son droit. Toutefois nous avons trouvé que les personnages de Gigoux sont trop voisins de la nature par leurs proportions. Les figures sont courtes et trapues. Un peu plus de sveltesse n'aurait pas nui. Le style y eût gagné. Il est vrai de dire que bon nombre de contemporains de notre artiste on vu la nature telle qu'elle s'est présentée à son esprit. En ce temps-là, les meilleurs parmi les peintres serraient de près leur modèle et craignaient de céder à un désir d'interprétation. C'était une façon d'être réaliste et on ne saurait prétendre que ce fût la plus dangereuse.

En ce temps-là aussi, les chambrées d'artistes étaient chaudes. On discutait avec passion. Alexandre Dumas n'a-t-il pas dit en parlant de cette époque d'effervescence et de généreuse production : « Nous avions l'amour » ? C'est, en effet, avec amour que les jeunes hommes d'alors se passionnaient pour les maîtres qui avaient tracé la route. Entre tous, Géricault par ses hardiesses était l'objet de discussions constantes. Personne parmi les débutants ne l'avait connu, mais combien sa peinture, son tempérament, ses procédés exaltaient les têtes de trente ans !

Je me souviens encore, nous dit un jour Gigoux, de l'enthousiasme avec lequel nous nous efforcions de saisir tout le talent de Géricault. Il nous apparaissait comme un devin qui a su pénétrer plus qu'aucun autre de ses contemporains les secrets de la nature. Mais aussi quel labeur fut le sien ! Isabey nous racontait que s'étant présenté chez l'auteur du *Radeau de la Méduse* alors que celui-ci était déjà sur son lit de mort, il le surprit dessinant les divers plans que lui offrait sa main gauche. Tel il était expirant, tel il n'avait cessé d'être durant sa trop courte existence. Et de quel cœur était doué ce grand artiste ! Personne ne s'avisera de comparer les œuvres de Granet avec celles de Géricault. Or, pendant que les deux peintres se trouvaient à Rome, Géricault n'eut pas besoin d'effort pour rendre justice au talent de Granet. C'est à son sujet que Géricault écrivit un jour à Robert-Fleury : « Il y a ici un vaillant qui sur des toiles grandes comme la main peint des hommes de six pieds ! Il aime la nature autant que je puis l'aimer et il la rend avec une éloquence contenue que je lui envie. »

Nous ne craignions pas d'aller contre le flot. Nous étions des hommes de découvertes. Qui le croirait ? C'est dans les ateliers de 1835 que Lantara, le pauvre Lantara, jouit d'une renommée posthume, mais que j'estime méritée. Lantara n'a cessé, de son vivant, de produire des compositions charmantes qui restèrent ignorées. L'artiste était pauvre et dans un milieu peu propice au développement de son talent. Il approche de la nature par une sorte d'intuition sinon par des principes arrêtés. Que n'a-t-il vécu dans le voisinage d'un Poussin ou d'un Claude Lorrain, son jeune esprit se fût nourri de leurs exemples et nous compterions en lui un maître de premier ordre ! Dans ma jeunesse, un Lantara se vendait couramment trente ou quarante sous, le cadre compris. Il est vrai qu'à la même époque, ni Boucher ni Watteau n'étaient cotés dans les salles de ventes. De rares amateurs recherchaient leurs ouvrages. Nous n'en sommes plus là !

Thoré nous a prévenus. Dès ses plus jeunes années, Gigoux fut un centre. Jamais affirmation ne fut plus exacte. Notre artiste n'a pas pris rang parmi les peintres qui font école. Collectionneur, il n'a pas eu le goût affiné, sévère, qui distingue les amateurs célèbres. Ses manières, sa parole ne lui assuraient pas une place de choix dans la société. Il était sans éloquence, et son origine plébéienne demeurait écrite dans sa forte carrure. Malgré cela, Gigoux vit venir à lui les hommes de renommée, les femmes du meilleur monde. Il attirait. Les lettres qu'il nous a laissé voir témoignent des relations les plus enviables. Cette attraction qu'exercent certaines natures est inexplicable. Elle caractérise Gigoux et constitue son originalité. A mesure que nous avançons dans ce récit, ce sont de nouveaux noms qu'il nous faut inscrire parmi ceux des habitués de l'atelier du jeune peintre étroitement logé rue Saint-André-des-Arts.

C'est Jaley, le sculpteur, qui s'excuse de ne pouvoir passer en sa compagnie le prochain dimanche. C'est le prince Giedroyc, l'ancien blessé de Waterloo, où il combattait dans l'armée française, qui se plaît à fréquenter chez l'artiste ; c'est la princesse sa femme qui attache le plus haut prix à posséder deux dessins du jeune peintre. C'est Élisa Mercœur qui s'éteint à vingt-six ans, soutenue par la main compatissante de Gigoux fortuitement venu en visite chez Mme Mercœur au moment où sa fille allait mourir. Mme Waldor a raconté ce drame :

> Mademoiselle Mercœur vient de mourir, lisons-nous dans les *Débats* du 13 janvier 1835. Elle laisse deux romans, dont l'un n'est pas achevé, la tragédie des *Abencérages* qu'elle destinait au Théâtre-Français, et des poésies inédites que l'on réunira en un volume ; elle avait aussi commencé un chant pour le bel ouvrage de la *Vieille Pologne* : elle espérait pouvoir l'achever ; elle ne se voyait pas mourir, et cependant depuis quinze mois la maladie faisait de rapides progrès, et de temps en temps, au milieu de quelques-uns de ces salons où elle avait souvent dit des vers, que l'on aimait à applaudir, on se demandait : « Comment va Mlle Mercœur ? » et quelle que fût la réponse, l'instant d'après on l'avait oubliée. J'excepte de ces salons celui de la duchesse d'Abrantès : là du moins il y avait, comme dans la famille de Panckoucke, admiration, souvenir et intérêt pour la jeune fille, pauvre et dévouée à sa mère. Mais tandis que Mlle Mercœur fuyait le monde et s'enfermait chez elle, souffrante, abattue, une femme célèbre par sa beauté et par les plus touchantes vertus, une femme que le malheur n'appelle jamais en vain, et que l'on trouve toujours là où il s'agit de faire du bien, veillait sur elle [1] ; sa douce voix l'encourageait à

[1] Madame Récamier.

souffrir : ses soins, ses demandes toujours écoutées, ramenaient autour de l'infortunée un peu de ce bien-être de fortune dont la privation ajoute tant d'amertume à la souffrance.

Mlle Élisa Mercœur est morte le mercredi 7 janvier dans les bras de sa mère et dans ceux de M. Gigoux, l'un de nos peintres les plus distingués, et dont le noble caractère ne se dément jamais. Il est arrivé chez elle, sans la savoir près de sa fin, et l'a trouvée aux derniers instants d'une agonie sous le poids de laquelle sa malheureuse mère succombait : « O venez ! s'est écrié la mourante en apercevant M. Gigoux ; venez ! vous serez plus fort que ma mère ! » Elle était en proie à une affreuse et dernière crise ; sa main s'était crispée dans les cheveux du jeune artiste, et au bout d'une demi-heure d'une lutte horrible à décrire, elle a penché sa tête sur son épaule, et a rendu le dernier soupir... M. Casimir Broussais lui avait prodigué les soins les plus assidus et les plus touchants pendant sa longue maladie ; il a moulé son beau visage, redevenu doux et calme après sa mort. Chateaubriand, à qui Élisa Mercœur avait dédié ses premiers vers, suivit le convoi. En le voyant sur le bord de cette fosse, la tête nue, le front incliné, et ceint comme d'une double auréole, on ressentait pour lui plus que du respect, plus que de l'admiration.

Ballanche, qui avait accompagné le cercueil de la jeune fille, prit la parole devant la tombe ouverte du cimetière du Père-Lachaise : « Élisa Mercœur, dit-il, a deux immortalités également assurées ; l'une que le monde ne peut refuser à un jeune talent, si noble, si pur, sitôt éteint ; l'autre, plus certaine encore, plus haute et plus durable, puisqu'elle est à l'abri des vicissitudes humaines, celle que Dieu accorde aux créatures morales et intelligentes qui ont bien usé de ses dons. Et si la trop courte vie d'Élisa Mercœur fut consacrée à la poésie, elle fut consacrée aussi aux vertus modestes et généreuses, aux sentiments qui honorent et distinguent entre les autres. »

On remarquera que les éloges de Mme Waldor à l'adresse de Gigoux datent du commencement de 1835 et sont par conséquent antérieurs au succès obtenu par le peintre à l'époque du Salon. Ce ne sont pas les toiles de l'artiste qui consolident sa réputation. Il a le don. C'est un privilégié de l'opinion.

Cependant, le peintre ne manque ni de conscience ni de volonté. Je demande à citer encore quelques lignes de Thoré :

Encouragé par ses deux succès du *Léonard* et du *Gil Blas,* Gigoux résolut d'entreprendre un tableau auquel il songeait depuis longtemps, et où il voulait mettre en scène les dernières orgies du monde païen. C'est un passage de Plutarque qui lui a fourni le sujet de sa *Cléopâtre.* Pour faire les études de cette vaste composition, il alla visiter Venise et Milan, Rome et Florence. A Venise, il a copié le Titien ; à Rome, il a dessiné les fresques de Raphaël et de Michel-Ange ; au Campo-Santo, il a étudié les maîtres pisans, cherchant ainsi le secret des écoles les plus diverses et le sens de la tradition.

Ce voyage s'affectua en 1836 et dura trois mois. On raconte une anecdote à laquelle, pour ma part, j'ajoute peu de foi, la voici : « En revenant d'Italie, Gigoux revit Besançon et la forge de sa jeunesse ; et, par un ressouvenir de sa vie d'ouvrier, le peintre prit le marteau et fabriqua deux fers sur l'enclume. Il en donna un à quelqu'un de ses élèves qui l'entouraient, et laissa l'autre à son père, le forgeron ».

Jamais Gigoux n'a fait allusion devant nous à ces fers orgueilleusement forgés. Ce sont là, croyons-nous, de menus faits inventés par les biographes et disposés avec art dans le récit afin de produire des contrastes. La vie de notre peintre peut se passer de tels artifices.

Mademoiselle de Fauveau, qui jadis avait initié Gigoux aux premiers éléments de l'art du peintre, avait quitté la France et s'était fixée en Italie. Notre artiste se trouvant à Florence en mars 1836, reçut un soir à son hôtel les lignes suivantes :

Madame de Fauveau fait mille compliments à Monsieur Gigoux et le prie, pour profiter du peu d'instants qu'il restera à Florence, de lui donner sa soirée d'aujourd'hui samedi. Sa fille pourra passer quelques instants de plus avec lui et le prie instamment d'apporter ses études. Cette soirée sera entièrement consacrée aux arts, et Madame de Fauveau espère décider sa chère Félicie à permettre de faire un petit trait d'après elle ; ce serait pour sa mère une double jouissance. Madame de Fauveau espère que monsieur Gigoux pourra disposer de cette soirée qui sera fort appréciée de toute sa famille.

Deux portraits, celui de Fourier et celui de Madame T., parurent au Salon de 1836. Les souvenirs de l'artiste, quand nous l'avons interrogé sur Madame T., ne lui ont pas permis de nous renseigner.

Ce doit être, nous dit-il, une personne du monde, rencontrée dans un salon, qui m'aura demandé de peindre ses traits. Je n'ai pas gardé le moindre indice de cette peinture.

Je serai plus explicite sur le portrait de Fourier. J'avais, en 1836, un atelier d'élèves. J'étais entouré de braves jeunes gens, tous pleins d'enthousiasme, et leur ardeur au travail m'eût donné du courage à moi-même si j'avais eu besoin d'être stimulé. Au premier rang se distinguaient Français et Baron. Ils étaient les plus avancés. Vous connaissez Français. Nous le verrons un jour de l'Institut, si les peintres savent apprécier le vrai talent. Un beau matin, alors que je m'occupais du portrait de Fourier, je pris mes deux amis et nous voilà partis pour le bois de Vincennes. Vous savez que mon personnage, en pied, est assis sur un tertre. La toile est au Luxembourg. Je voulus faire d'après nature une étude de terrain. Mes deux amis et moi ne comptions passer qu'une heure ou deux dans le bois. Mais la nature est une séductrice. Elle nous prit dans son piège tous les trois. C'était à qui emporterait de cette échappée le plus grand nombre de croquis. Cette journée passa comme un rêve. Je ne me souviens plus si nous avons pris soin de déjeuner. Il fallut que le soleil en disparaissant nous obligeât à battre en retraite. Un restaurant de barrière nous permit de nous réconforter. Nous ne rentrâmes à Paris qu'à une heure avancée de la soirée. Nous étions gais comme des fous. Chacun de nous serrait sous son bras ses ébauches dessinées ou peintes. C'était notre trésor. Quelle surabondance de vie nous avions tous ! Quel enthousiasme ! Quel amour profond de la nature, ce livre divin toujours ouvert, toujours épelé et dont aucun homme ne touchera le dernier feuillet !

Nous avons vu Gigoux se rendre en Italie avec la préoccupation de consacrer quelque grande toile à la personnalité prestigieuse de Cléopâtre. Le peintre, doué de constance, revint à plusieurs reprises à son rêve. Un premier tableau dont la reine d'Égypte fut le motif était destiné au Salon de 1837. Gigoux eut le regret de voir refuser sa toile. Qu'est devenue cette composition ? L'artiste la modifia et la fit admettre au Salon de 1838. C'est ce qui explique une note dictée par Gigoux qui nous tombe sous les yeux : « Le duc d'Orléans voulut avoir une copie de mon tableau refusé en 1837. Je commençai ce travail, mais je ne m'y attelai pas. Le prince mourut et ma copie ne fut jamais achevée. »

L'échec de Gigoux au Salon de 1837 fit grand bruit. Il avait représenté au premier plan de son tableau des esclaves se tordant sous les yeux de Cléopâtre impassible, heureuse d'essayer la force des poisons dont elle userait peut-être envers Antoine, si jamais celui-ci tentait de la trahir. Le réalisme de cet épisode fit horreur et le jury refusa de placer une pareille scène sous le regard du public. Nous sommes tenté de penser que les jurés de 1837 ont été distancés. On serait moins timide aujourd'hui. Naturellement, le peintre eut ses défenseurs. Francis Conscience s'empresse d'écrire :

Mon cher Gigoux,

Rendez grâces au Jury ; il a jugé dans sa sagesse et il a bien pensé que vous seriez en trop mauvaise compagnie. Je ne puis donc que vous féliciter du verdict d'acquittement que vous avez obtenu. Puisque la belle Cléopâtre n'est pas dans ce bagne, faites-moi le plaisir de me dire où est sa demeure, car nous avons, ma femme et moi, le désir ardent d'aller lui présenter nos devoirs.

Alexandre Dumas veut faire davantage. Il est prêt à partir en guerre pour son ami. C'est de sa meilleure plume qu'il va combattre.

Mon cher Gigoux,

On m'apprend que le jury fait cette année force injustices et stupidités : si vous avez un moment, venez de 7 à 9 heures du soir, me donner des détails là-dessus.

J'ai un journal et 15.000 abonnés ; le tout est à votre service.

Mille amitiés
A. DUMAS.

Demandez Ida en venant, car peut-être serais-je à travailler et vous répondrait-on que je n'y suis pas.

Thoré ne se laisse pas devancer. Il a déjà rédigé la défense du peintre. Un dernier coup d'œil sur la toile refusée, une note, un détail et son manuscrit passera chez l'imprimeur.

J'ai fait votre article à peu près, écrit-il à Gigoux, mais j'ai besoin de voir votre *Cléopâtre*, pour en parler compétemment. Où est donc votre tableau ? Faites-moi la faveur de me le montrer.

Combien donc vous a été payé le *Léonard* ?

Est-il vrai que le duc d'Orléans vous ait demandé une copie de *Cléopâtre* ?

Donnez-moi un rendez-vous au *Club*, ou chez vous ou chez moi.

Mais le plus grave, le plus autorisé des témoins de Gigoux, c'est Jouffroy ; sa lettre du 27 février est bien d'un philosophe et d'un homme pratique.

Mon cher compatriote,

Ce qui vous arrive me semble tout à fait fabuleux et j'ai besoin pour le croire d'en avoir la confirmation positive. Si toutefois la chose est vraie, je vous engage fortement à ne pas vous décourager. D'autres artistes d'un grand mérite ont été victimes de plus grandes injustices, et souvent les injustices ont contribué à leur réputation. J'espère qu'il en sera ainsi pour vous. Une décision si inepte ou si servile ne manquera pas de soulever les réclamations les plus vives, et peut-être parlera-t-on beaucoup plus de votre tableau que s'il eût été admis. J'écris aujourd'hui à Cavé et à Magnoncourt. Je me propose d'écrire demain à M. Delécluze, des *Débats*. Mais je voudrais être sûr du fait. Ma femme vient d'aller chez Nodier pour savoir ce que Mme Cailleux y a dit hier, et se plaindre vivement en mon nom. Vous devez vous occuper de trouver un local vaste et éclairé pour y exposer votre tableau. Il faut que les gens qui seront curieux de juger le jugement du jury puissent le voir quelque part. Je vous engage à secouer le découragement qui a dû suivre la nouvelle, et à vous occuper activement de ce soin. Gardez-vous de fuir le monde. Allez-y plus que de coutume. Autrement on vous tiendrait pour battu. Ceci est fondé sur l'expérience que j'ai du monde. Plaignez-vous modestement, mais plaignez-vous. Vous verrez qu'on reviendra de la mauvaise impression causée par le jugement du jury. Si votre tableau est bon, le public sera pour vous, et le jury ne le fera pas mauvais. Au contraire, son injustice relèvera votre œuvre.

Adieu.
JOUFFROY.

Au Salon suivant, Gigoux envoya de nouveau sa composition, *Antoine et Cléopâtre après la bataille d'Actium*. L'œuvre est robuste, étudiée, dramatique. L'auteur a visiblement observé avec complaisance les décors de Véronèse. La pâte résiste à l'analyse. Toute la science de l'artiste se trouve résumée dans cette toile un peu théâtrale, mais, somme toute, de style élevé. On la peut voir au musée de Bordeaux et M. Marionneau nous écrivait naguère au sujet de la *Cléopâtre* : « La scène est grande, trop grande, mais ne fait pas qui veut de ces œuvres-là. Il y faut du savoir et de l'adresse ». Gustave Planche, le critique en renom, passa sous silence le tableau de Gigoux dans son Salon de la *Revue des Deux-Mondes*. La *Cléopâtre*, c'est l'artiste qui nous l'a dit, ne fut ni gravée ni lithographiée.

Notre peintre trace avec quelque peine son sillon. Cependant l'État se montre bienveillant à son endroit. Le 20 septembre 1836, un arrêté ministériel le chargeait d'exécuter un *Saint Pierre aux liens* pour l'église d'Orange dans le Vaucluse, et par un autre arrêté du 20 juillet 1838, Gigoux était chargé de « l'ensemble des travaux de peinture et de dorure nécessaires à la décoration complète de la chapelle de Sainte-Geneviève de l'église Saint-Germain-l'Auxerrois, à Paris ». Cette commande était de 20.000 francs.

En 1839, le peintre infatigable expose quatre toiles : un *Christ au jardin des Oliviers*, qui est acquis par le Gouvernement ; une *Marie-Madeleine*, *Héloïse recevant Abeilard au Paraclet* et le portrait du lieutenant-général, comte de Donzelot. La *Madeleine* a été gravée et lithographiée ; il existe également une lithographie de l'*Héloïse*. Mais ce qui vaut plus qu'une estampe, ce sont ces lignes de Jules Janin. Les premier mots nous avertissent que le *Christ au jardin* a médiocrement séduit l'écrivain :

Pour en revenir au Christ de M. Gigoux, nous dirons que son Héloïse est charmante. Vous savez que M. Gigoux a illustré, cette année, les *Lettres d'Héloïse et d'Abeilard*, ce beau livre si rempli d'éloquence, d'ascétisme et d'amour. A force d'étudier de la façon la plus intime, toutes ces misères que raconte Abeilard dans un si beau langage, M. Gigoux a fini par vouloir réaliser, sur un plus grand espace et avec toutes les ressources de son art, l'émotion et la tristesse que lui inspirait cette noble étude. C'en est fait, Abeilard est pour jamais séparé d'Héloïse ; longtemps errante, Héloïse a enfin rencontré sa douce retraite au Paraclet : là est attendu Abeilard ; il arrive enfin après une longue route, apportant à sa chaste épouse toutes ses douleurs à consoler. Elle, cependant, la courageuse abbesse, elle vient au devant de son époux ; derrière elle se tiennent de jeunes novices émues et charmées de cette scène touchante ; en effet cette petite scène respire je ne sais quelle paix intérieure qui vous repose de toutes les agitations du monde ; c'est là un de ces tableaux très rares qu'on ne peut trop regarder et qu'on voudrait avoir à soi pour les regarder toujours.

Le portrait de Donzelot, mort en 1843 général de division, appartint au modèle qui en fit don à la ville de Besançon. Un second portrait du même personnage parut au Salon de 1841. Il est conservé à l'asile d'aliénés de Ville-Évrard, établi dans l'ancien domaine du général Donzelot.

Sur ces entrefaites, Gigoux avait quitté sa demeure de la rue Saint-André-des-Arts en 1838 pour venir habiter au rez-de-chaussée de l'hôtel de Chimay, sur le quai Malaquais, un appartement occupé naguère par Spontini. Le peintre demeura quatre années dans cet hôtel. C'est de cette époque que datent les relations les plus brillantes de l'artiste. Ses « mercredis » étaient très suivis. Le philosophe Jouffroy, de Vigny, Longpérier, Charles Blanc et son frère, Bosio, Duret, Lemud, Pradier, et cent autres prennent plaisir à se rendre chez Gigoux. Son atelier d'élèves l'oblige à louer un entresol de l'hôtel. C'est là que lui-même travaille sans relâche, multipliant les dessins, les lithographies, les toiles qu'il exécute en se jouant. Il grave sur sa pierre les portraits de Mme de Magnoncourt, de Mme Ancelot, de Paul Lacroix, de Charles Nodier, de Duval Le Camus. Le dessin de ce dernier portrait appartient à M. Georges Duplessis, de l'Institut. La lithographie n'en fut pas terminée. Il fit à la même époque le portrait de la reine Marie-Amélie. Cette lettre en est la preuve :

Ayez la bonté, Monsieur, de venir voir la Reine avant de faire faire de nouvelles lithographies de son portrait, S. M. ayant à vous communiquer quelques observations.

C. DE LUSSON

Lamartine, toujours gentilhomme, écrit à Gigoux :

J'espérais, monsieur, que vous seriez venu hier soir, recevoir tous mes remerciements du beau cadeau que vous m'avez fait, et entendre les éloges des personnes de goût qui admiraient cet admirable portrait.

La plupart des portraits dont il est parlé dans cette page furent demandés au peintre. Il en est d'autres dont il prit l'initiative et qu'il sollicita l'honneur d'exécuter. Alfred Johannot allait mourir. On était en novembre 1837. Gigoux avait déjà gravé le portrait des deux frères, Alfred et Tony Johannot. Une affection profonde unissait ces jeunes hommes qui jamais n'avaient séparé leurs destinées. Les succès de l'un étaient l'orgueil de l'autre. Notre peintre s'émut à la pensée du déchirement que causerait à Tony la mort d'Alfred et, spontanément, il brigua l'honneur de traduire une dernière fois sur sa pierre le profil de l'artiste touché par la mort. Il s'ouvrit de son désir à Tony, anxieux, désolé, qui nuit et jour vivait penché sur le lit de douleur du mourant. Tony lui répondit par cette lettre touchante :

Mon bon Gigoux, j'accepte avec bien de la reconnaissance votre offre. On est heureux de recevoir des marques d'amitié dans des circonstances aussi affreuses. Je serai bien heureux d'avoir par vous ce triste souvenir de mon frère. Je vous prierai de venir quand je n'aurai plus d'espoir.

Nous avons nommé Lemud. Qui se souvient de lui parmi nous? Ce fut cependant un artiste acclamé en 1838 après sa lithographie de *Maître Wolframb,* sujet tiré d'Hoffmann. Lemud connut presque la gloire, tant sa vogue fut unanime. Il était lié avec Gigoux. Bien avant 1838 il écrivait à notre peintre : « Je pioche à mort la gravure depuis quelque temps, avec espoir de réussite. » Son espoir ne fut pas trompé. Devenu célèbre, il voulut profiter de sa renommée pour faire le portrait de son ami. L'œuvre de Lemud est bien connue et les survivants de 1839 nous affirment que le peintre n'a pas rencontré, en ces années lointaines, un portraitiste plus fidèle que n'a su l'être Lemud. C'est au sujet de cette estampe que M. Béraldi écrivait récemment :

Nous nous représentons Gigoux alors tel que nous le montre son portrait lithographié par Lemud : sans ces moustaches à la Vercingétorix qui le font prendre aujourd'hui, la rosette d'officier aidant, pour un général ; sans ce petit air penché qu'on lui voit sur la lithographie d'Alophe dans la *Galerie de la Presse*, et ne perdant pas son temps à poser pour l'attitude byronienne. Il a d'autres préoccupations, ses traits expriment l'énergie et la volonté ferme.

Vous le devinez, le portrait de Lemud ne fut point inutile à la notoriété de Gigoux. Il était au surplus en rapports d'obligeance et de camaraderie avec maint artiste. Duret lui écrit :

Mes amitiés à Gigoux. Je lui renvoie la *Jambe* de Michel-Ange et le prie de remettre au porteur ma grande *Tête* de Junon. Il obligera son affectionné F. DURET.

Que peut bien signifier ce billet ? Que faut-il entendre par « la Jambe de Michel-Ange » ? Un autre artiste va nous l'apprendre. Celui-là, je ne le compare pas à Duret ; mais dans la vie on coudoie des gens de toute taille. C'est Préault qui tient la plume :

Mon cher Gigoux,

Faites-moi le plaisir de m'envoyer demain jeudi dans la journée par un commissionnaire cette admirable jambe en plâtre du vieil *Esclave* de Michel-Ange, la jambe pliée. Vous me rendrez un service énorme. Je compte trop sur votre complaisance et votre amitié, aussi j'espère ne pas être refusé.

Amitié et dévouement.
AUGUSTE PRÉAULT.

P. S. Ne me refusez pas, je vous en prie.

Clésinger, le père, qui habite Besançon, remercie Gigoux de l'appui qu'il veut bien donner à son fils Jean-Baptiste-Auguste dont le nom s'accentuera bientôt dans la presse à la suite des expositions. Le sculpteur Clésinger ne passera point oublié le jour où il lui aura été donné d'entrer en scène. Mais Gigoux fait plus que de prêter des documents ou de seconder de jeunes hommes, je découvre qu'il loge un peintre sans domicile. Ce peintre fut aussi sans gloire. Il signait Francis, mais il s'appelait Conscience. La mort l'atteignit en 1840. Conscience avait peint un *Tombereau* qui fut admis au Salon de 1839. Il était le compatriote de Gigoux et son aîné de dix ans. Laissons-lui la parole :

Mon cher ami,

Voici ce qui m'arrive avec Delaunay. Vous savez qu'il m'a demandé le dessin de mon *Tombereau*. Quand un éditeur parle de la sorte, il est tout simple de penser que le salaire est au bout ; point. Je suis allé chez lui pour toucher le montant de cette pierre, il m'a dit que je me trompais, si j'avais cru que ces sortes de dessins étaient payés aux artistes durant l'exposition, que c'était dans le seul but de les obliger qu'il mettait pendant ce temps des reproductions de leurs œuvres dans son journal. Ainsi me voilà sans le sou, moi qui comptais vous remettre immédiatement ce que vous avez eu l'obligeance de m'avancer, aller louer un grenier et vous débarrasser de ma personne ; je me vois forcé de vous demander encore quelques jours d'hospitalité.

Rouillard, peintre de portraits, alors très en vogue, ancien élève de Louis David, demande à Gigoux de se faire le patron d'un modèle d'atelier qui eut son heure de réputation chez les peintres d'histoire :

> Mon bon Monsieur Gigoux,
>
> Je vous adresse M. Bon que des malheurs rendent bien intéressant ; il a été ermite longtemps. On l'a engagé à venir à Paris pensant que sa tête pourrait plaire.
> Il a grand besoin de poser pour améliorer son sort. Soyez assez bon pour l'aider en le recommandant si vous ne pouvez l'employer ; il vous contera sa vie qui est remarquable.

Mlle Godefroid est la gardienne pieuse de la mémoire de Gérard. Elle voudrait que la presse fût unanime à louer le mérite du fier portraitiste. Un journal, hostile jusqu'alors à la personne du peintre disparu, se montre tout à coup favorable, et Mlle Godefroid ne doute pas un instant que cette conversion qui la ravit ne soit l'œuvre de Gigoux :

> Nous devons, lui écrit-elle, à votre influence amicale, sans contredit, le meilleur article qui ait paru sur M. Gérard. Il faut que la maladie se soit emparée de nous comme elle a fait, pour que je ne vous aie pas déjà exprimé toute notre reconnaissance.
> Veuillez m'envoyer l'adresse de M. Gabriel Laviron car je pense que l'auteur de ce bel article est l'aimable jeune homme que vous nous avez présenté, et nous brûlons de le remercier.

Quelques jours plus tard, c'est l'*Artiste* qui devient élogieux à l'endroit de Gérard. Son élève reprend la plume :

> Cher Monsieur, nous ne pouvons nous empêcher de vous attribuer la conversion de l'*Artiste*. Vous savez sans doute qu'il vient de faire paraître un excellent article sur M. Gérard. Si vous avez occasion de voir quelqu'un de ce journal veuillez achever votre œuvre, et lui faire connaître combien nous avons été sensibles à leur obligeance.

Louis Ratisbonne l'appelle, et pour le décider, il lui promet la compagnie d'Antony Deschamps et d'Alfred de Vigny. Mme Ancelot va faire représenter au Théâtre-Français sa comédie le *Château de ma nièce*. Elle réserve trois coupons à Gigoux et les lui envoie dans ce billet :

> C'est pour ce soir ma représentation ; j'ai peur, c'est si léger. Soyez bien favorable à ce pauvre petit *Château*, sans quoi ce ne sera qu'un château de cartes qui tombera au moindre souffle.
> V^{ie} ANCELOT.
>
> Vous pouvez conduire deux amis ; qu'ils soient aussi les miens, au moins pour ce soir.

La baronne de Mello lui écrit avec la familiarité d'une maîtresse de maison qui convoque un hôte accoutumé de son salon :

Je fais mille compliments à Monsieur Gigoux.
Je le prie de me faire l'honneur de dîner chez moi mercredi 29 de ce mois.

La B^{ne} DE MELLO.

P. S. — On servira à cinq heures à cause de la rentrée au collège d'un écolier de dix-huit ans.

Je venais de transcrire ces quelques lignes dans l'atelier de Gigoux, lorsque le peintre, regardant par dessus mon épaule, surprit la signature de la baronne de Mello :

Ah ! s'écria-t-il, celle-là fut une femme de cœur au premier chef. Vous ne trouverez pas beaucoup de ses lettres dans mes portefeuilles. Elle ne m'écrivait que pour m'inviter exceptionnellement à dîner au milieu de la semaine, ce qui arrivait rarement, attendu que chaque lundi, pendant plus de quarante ans, je m'assis à sa table. C'était chose entendue entre elle et moi. Ma place était réservée, et j'eusse attristé l'excellente baronne en ne paraissant pas au milieu du cercle de ses amis à l'heure dite. Ce n'était pas une jeune femme. Amie de la princesse de Lamballe, condamnée à mort, elle n'avait échappé à la guillotine que par la chute inopinée de Robespierre. Nulle coquetterie chez la baronne. Elle avait vieilli sans tristesse, sans dépit, ce qui est rare parmi les femmes. Ses hôtes étaient d'âge mûr ; quelques-uns avaient traversé comme elle la période révolutionnaire. Je ne partageais pas les illusions de la plupart de ces vaincus, mais leurs entretiens n'étaient pas sans intérêt pour un homme de ma génération.

Vous parlerai-je de salons moins austères ? Celui de Monpou, le compositeur, fut d'un tout autre genre. Il eut deux phases dans la vie de Monpou. Jusqu'à vingt-six ans, il n'avait fait que de la musique religieuse ; pendant ses dix dernières années, — notre ami mourut à trente-sept ans, — il composa des romances et travailla pour le théâtre. Ses poètes étaient Musset, Victor Hugo, de Vigny. L'*Andalouse* est de Monpou. Le compositeur ouvrit un salon dans lequel il chantait lui-même ses propres ouvrages. Là se réunissait la jeunesse littéraire, Paul Foucher, Théophile Gautier, Gérard de Nerval, Pétrus Borel, Alexandre Dumas.

Que vous dirai-je sur les salons de Gérard, de Mme Lebrun, d'Alibert, de Mme Ancelot, qui n'ait été dit avec talent par nos devanciers ? D'ailleurs, les habitués de ces réunions curieuses où j'ai fréquenté se trouvaient être en majeure partie des écrivains. Je m'occupe avant tout des artistes. Avec eux je suis dans mon milieu. J'ai cependant pris plaisir à rencontrer Sainte-Beuve et Musset chez Nodier où je me rendais fréquemment. Taylor, Bixio, Senancourt étaient du même cercle. Musset ne posait pas ; il était vêtu comme tout le monde, avec goût, et laissait l'impression d'un homme du monde, capable d'écouter et peu soucieux d'attirer sur lui l'attention.

Beyle, dit Stendhal, m'appartient un peu ; il a parlé d'art avec esprit et parfois avec justesse. Quel colosse ! Grand, large d'épaules, d'allures assez vagues, il causait toujours. On le surprenait faisant les demandes et les réponses. C'était un fidèle du salon de Mme Ancelot et de Gérard où il rencontrait un tout jeune homme, Prosper Mérimée, dont il plia l'esprit par sa verve incessante, son scepticisme et ses paradoxes. Supprimez Beyle de la vie de Mérimée, vous ne pouvez plus dire quelle eût été la voie suivie par Mérimée. Il a été, à l'heure décisive de la vocation, le prisonnier, presque l'esclave de Beyle. Chez le baron Gérard, on recherchait Mérimée, on prenait goût à ce qu'il disait. Il avait de la tenue. Beyle au contraire n'en avait pas. Sa mise était souvent fort négligée.

C'est dans le salon de Mme Lebrun, à l'Imprimerie nationale, que je me suis rencontré avec Rachel. M. Lebrun était un silencieux et un adroit. Sa femme, très charmante, d'un tact exquis, le complétait admirablement. Elle avait le secret de mettre en valeur chacun de ses invités. Ingres et David d'Angers venaient fréquemment dans ce salon.

Ce n'est pas chez Mme Lebrun que j'ai connu Dickens et Thackeray, mais dans les ateliers. Thackeray a longtemps vécu à Paris. Sa femme étant devenue folle et ses deux petites filles n'étant pas élevées, il dut mettre sa femme dans une maison de santé. Ses livres se vendaient peu ; ses articles l'aidaient à vivre, car sa fortune alors était précaire. Un dimanche, il vint à mon atelier avec ses deux enfants qu'il adorait. Survint un Arabe qui faisait l'office de modèle. A l'exemple de ses congénères, l'Africain était doublé d'un trafiquant tenace et rusé. Il ne voyageait pas dans Paris sans une trousse remplie de colliers et de bracelets de mince valeur, qu'il s'appliquait à bien vendre. Notre homme n'était pas sitôt entré qu'il flaira chez les filles de Thackeray deux clientes. Il mit un art félin à développer graduellement sa trousse, et les petites filles émerveillées prirent un à un chaque objet, suppliant leur père de leur payer ce clinquant. Thackeray solda et l'Arabe content de sa matinée disparut.

De retour à Londres, peu après 1840, Thackeray se fit un nom. En 1852, il partit pour l'Amérique. Je le revis plus tard à Paris. Il rentrait de New-York.

— Une grande nouvelle, mon cher Gigoux.
— Laquelle ?
— Je me fais construire un hôtel.
— A Paris !
— Non, à Londres.
—. C'est dommage. Ici vous ne compteriez que des amis.

Gigoux disait vrai. De tous les écrivains anglais qui ont passé le détroit, aucun, en ce siècle, ne s'est mieux acclimaté que Thackeray sous le ciel de France, lors de son premier séjour à Paris. Si nous ouvrons les *Aventures de Phillip*, sorte d'autobiographie du romancier, nous y trouvons le récit enthousiaste de ses belles années vécues au milieu des artistes de l'époque romantique. Le livre est de 1862. L'auteur n'est plus jeune, et l'éloignement des scènes retracées n'en atténue pas le relief ou la couleur. Un des nôtres trouverait-il à reprendre dans cette page que j'emprunte au roman de Thackeray ? Elle est en son lieu dans notre récit.

Le peintre français, dit-il, est mieux compris, mieux apprécié, mieux payé même, tout compte fait, qu'il ne l'est chez nous. Un jeune homme trouve ici une douzaine d'excellentes écoles où il peut pratiquer sous le contrôle d'un maître éminent et faire son apprentissage moyennant 10 liv. sterl. (250 fr.) de rétribution annuelle. En Angleterre, il devra se contenter de l'Académie ou dépenser des sommes considérables pour obtenir l'enseignement d'un artiste bien placé. En sus des leçons, des conseils, des modèles, dont l'élève peintre jouit ici en échange de ses dix livres, il a pour rien mille stimulants professionnels que l'Angleterre ne saurait lui fournir. Les rues sont garnies de tableaux étalés dans les magasins, les passants eux-mêmes ont leur valeur pittoresque. Églises, salles de spectacle, salles de concerts, salles de café sont décorées de peintures. La nature aussi le traite mieux sous ce ciel plus lumineux et plus clément. Autres incitations plus personnelles, mais tout aussi puissantes, un artiste en France est rétribué largement, car, dans un pays où presque tout le monde est pauvre, un revenu de 500 liv. sterl. (12.500 fr.) n'est certainement pas à dédaigner ; son rang dans la hiérarchie sociale est au-dessus plutôt qu'au-dessous du rôle qu'il est appelé à remplir. Bien des maîtres et des maîtresses de maison l'accueillent et le flattent, qui tiennent les titres en fort petite estime, et chez lesquels un baron n'est guère mieux reçu qu'un commis d'agent de change.

Thackeray, peu après 1832, avait connu le graveur Louis Marvy. Notre compatriote, au lendemain de 1848, s'en fut chercher du travail à Londres. Thackeray lui fit connaître Baring, le grand collectionneur de paysages. Un éditeur, sollicité par le romancier, consentit à publier un album de Marvy, mais il mit à son adhésion un clause capitale : chaque planche de Marvy paraîtrait accompagnée d'une notice rédigée par Thackeray. Celui-ci, alors très en vue, accablé de travaux, n'hésita pas. Il se fit le collaborateur obligeant de Marvy et le graveur triompha de la détresse.

Gigoux n'exposa pas au Salon de 1840. Il donnait ses soins aux peintures de Saint-Germain-l'Auxerrois. Deux compositions, mesurant chacune cinq mètres sur trois mètres, représentent le *Baptême de sainte Geneviève par saint Rémy* et *Sainte Geneviève exaltant le courage des habitants de Paris*. Divers sujets de moindre importance s'ajoutent à ces pages maîtresses.

On a vu le portrait de Laviron figurer au Salon de 1834. Notre artiste était resté en possession de cette toile, et ne s'en dessaisit, nous l'avons dit plus haut, qu'en 1860 en faveur du Musée de Besançon. Gabriel Laviron, peintre et critique d'art, était Bisontin. Nature riche, mais désordonnée, il ira se faire tuer en 1849, sur les remparts de Rome, dans les rangs de l'armée garibaldienne. En 1838, il subit pour dettes un ou deux mois de détention à Clichy. Sa correspondance avec Gigoux pendant qu'il était en prison ne manque pas d'intérêt. Je n'en détacherai que quelques lignes. Elles ont trait à Jules Janin. Cet écrivain, fort oublié depuis vingt ans, a eu pour lui le charme et la grâce. Ce fut un ami de Gigoux, ce fut aussi son défenseur, peut-être même son panégyriste, car Jules Janin ne gardait pas toujours la mesure dans l'éloge. Il était poète et voyait toutes choses en poète. Je regrette que dans les *Causeries* de Gigoux, parues en 1885, on trouve deux ou trois anecdotes d'assez mauvais goût sur le critique des *Débats* et de *l'Artiste*. Je n'accuse pas le peintre, mais ceux qui, d'une plume maladroite et sans dignité, ont recueilli ses propos d'atelier sans discernement, sans choix. Telle chose racontée dans le laisser-aller de la causerie ne sera jamais une chose publiable. C'est ce que n'ont pas compris les auteurs responsables des *Souvenirs* de Gigoux. De leur lecture, Jules Janin sort amoindri, presque calomnié. Pourquoi n'avoir pas ouvert les portefeuilles d'autographes du peintre ? Il eût été facile d'y trouver ce que moi-même j'y ai découvert sans effort. Il est vrai, ce n'est pas Gigoux qui va parler, c'est Laviron ; mais il s'adresse à Gigoux dans sa lettre datée de Clichy, et l'éloge qu'il fait de Jules Janin ne serait pas contredit par Gigoux. Laviron en avait la certitude. Il parlait d'un ami à un ami.

Janin est un homme admirable ; il était encore ici pas plus tard qu'avant-hier, et il m'a promis de revenir bientôt. Voilà un homme que je connais à peine et qui s'est mis de la meilleure grâce du monde à ma disposition pour arranger mon affaire, et qui m'a fait les offres de service les plus délicates, et puis il y a de par le monde des malotrus qu'il a obligés, qui passent leur vie à dire et à écrire du mal de cet homme-là. Vraiment la société est hideuse ; il y a des gens qui mériteraient d'être écorchés vifs.

Voilà qui est fait. La physionomie du critique aimable, que nous-même avons connu et estimé quand nous avions vingt ans, est remise au point par Laviron, et ce sont les papiers de Gigoux qui nous ont permis cette citation.

Un feuillet terni par le temps se trouvait rapproché des lettres de Laviron chez notre peintre. Sur ce feuillet était tracé d'une main nerveuse le début d'une étude que Laviron se proposait de consacrer à Ribera. Je n'ai jamais su si l'étude en question fut publiée. Gigoux semblait attacher à ce papier jauni un prix exceptionnel. Il le considérait, je crois, comme l'expression de l'une des dernières pensées de son ami. Peut-être le peintre-soldat qui s'apprêtait à défendre les murs de Rome dont l'armée française allait s'emparer, a-t-il écrit ce préambule à la lueur d'un feu de bivouac. Un fond de tristesse perce sous la phrase de l'écrivain et c'est à Rome qu'il appelle Ribera dès la première ligne de son étude inachevée.

DON JOSEF DE RIBERA.

Vers l'an 1505, il y avait à Rome un pauvre enfant de quinze à seize ans, qui s'en allait couvert de haillons par la ville, étudiant aux façades des maisons, sur les places, dans les jardins, dans les églises, étudiant dans tous les lieux d'où sa misère ne le faisait pas repousser, les chefs-d'œuvre des artistes de toutes les époques. Il était sans parents, sans amis, sans personne qui s'inquiétât de lui, étranger et d'une race maudite depuis le ravage du pays par les soldats du connétable de Bourbon. Avec cela il avait un corps peu robuste et une santé délabrée par les privations continuelles de sa vie misérable.

Cependant il avait conservé une grande énergie de caractère ; vrai Castillan, il était fier de son origine espagnole et il affectait, en parlant, de garder l'accent de son pays.

Tel est le fragment mystérieux dont nous avons pris copie, voilà plus de douze années, dans l'atelier de notre peintre.

Le maréchal Moncey, duc de Conegliano, était Bisontin. Le conseil municipal ayant exprimé le désir d'avoir son portrait, le vieux soldat, comblé de jours et de gloire, gouverneur des Invalides, ne permit pas à ses concitoyens de supporter les frais du tableau. Gigoux l'exécuta. Sa peinture est au Musée de Besançon. La toile mesure 2^{m}50. Le maréchal est représenté en pied, debout, la tête tournée à droite ; il a le costume de maréchal de France ; sa main gauche est appuyée sur le bâton de commandement, et ce bâton porte sur un rocher où se trouve un manteau et une carte d'Espagne ; à terre est un chapeau à plumes blanches, près d'un portefeuille et d'une lunette d'approche. Plus loin, on aperçoit un cheval blanc, maintenu par un dragon. Moncey en possession de son portrait en fit l'offre à sa ville. Puis la pensée lui vint d'en léguer une copie à l'Hôtel des Invalides qu'il gouvernait depuis 1834. Gigoux fut chargé de la copie. A son tour, il eût voulu se montrer généreux envers son illustre compatriote. Il offrit au maréchal d'exécuter à titre gracieux la copie qui lui était demandée. On connaît la lettre de Moncey refusant, en août 1815, au roi Louis XVIII de présider la commission militaire qui devait juger le maréchal Ney. Pour être moins connue et d'un tout autre caractère, la lettre du vaillant soldat, adressée le 7 avril 1840 au peintre Gigoux, n'est pas moins chevaleresque :

Monsieur Gigoux, mon cher compatriote,

Je vois seulement ce matin la lettre sans date que vous avez écrite à M. Lheureux, mon aide de camp, que j'avais prié de vous porter quatre mille francs pour acquit du portrait en grand que vous avez fait pour la ville de Besançon, et aussi de celui qui doit être placé aux Invalides, comme Gouverneur de l'Hôtel.

Je suis très sensible à l'hommage que vous voulez bien me faire de ce dernier, et à l'offre que vous faites d'abandonner sur la somme de quatre mille francs, celle de mille francs à laquelle il était estimé. Je vois avec regret qu'il ne peut m'être permis d'accepter cette offre ; je suis un vieillard à la fin de sa carrière, qui ne peut vous permettre ce sacrifice, et vous, vous êtes un jeune homme encore au milieu de la vôtre, qui devez avoir le besoin de recevoir le prix de vos travaux ; ainsi je vous prie d'agréer les quatre mille francs que je vous solde de bon cœur, et d'autant plus que vous jugerez vous-même que mon portrait étant placé aux Invalides, comme Gouverneur, je dois le payer et non le recevoir en hommage particulier.

Recevez, mon cher compatriote, une nouvelle assurance de mes sentiments d'estime et de considération.

Le Maréchal, duc de Conegliano, Gouverneur des Invalides,

MONCEY.

Gigoux ne cesse de produire. Il multiplie ses portraits. Corot lui devra le sien et Francis Wey, un littérateur comtois, celui de sa femme. Un billet de Wey, pressant le peintre de se dessaisir de son œuvre, est à rappeler.

J'apprends, mon cher ami, que notre portrait est chez vous, et dans la crainte que vous ne dérangiez quelqu'un pour me l'envoyer, je prends les devants.

Il y a bien aussi quelque impatience enfantine que vous excuserez. La vie est fort courte et il ne faut point ajourner ce qui fait plaisir.

Mon empressement vous donne la mesure de toute ma reconnaissance et du bonheur avec lequel je me plais à contempler votre ouvrage. Puis, il faut dire aussi que ma femme repart aujourd'hui pour Luciennes, et que je serai bien aise d'être un peu moins veuf.

Merle, un journaliste influent de l'époque, se montre exigeant et plein de mystère. Qui nous dira le nom de la femme voilée dont le portrait a besoin de tant de retouches pour que le modèle se déclare satisfait ?

Je vous envoye, mon cher ami, le portrait dont vous avez eu l'obligeance de me promettre une lithographie. Voulez-vous être assez bon pour faire faire à cette copie quelques petits changemens que la personne que cela intéresse m'a expressément recommandés ?

Elle désire qu'on baisse un peu la coiffure, beaucoup trop élevée sur le haut de la tête, et qu'on supprime la fleur qui la surmonte. Elle voudrait aussi faire supprimer le voile et faire disparaître le mouchoir qui est dans la main droite, et enfin diminuer l'ampleur des manches. Tout cela donnera un peu plus de grâce et de simplicité à ce très médiocre dessin, qui n'a d'autre mérite que celui d'une grande ressemblance.

Il est difficile de rien saisir sous ces phrases enveloppées. Apparemment il y a là quelque secret. Ne cherchons pas à le surprendre. Ce serait peine perdue.

Nous avons dit que le peintre exposa en 1841 un second portrait du général Donzelot. Quatre autres toiles signées de lui parurent au même Salon : *Sainte Geneviève, patronne de Paris,* le *Martyre de sainte Agathe en 250,* un portrait en pied de Sigalon et celui de Mme de Ricard, femme d'un général aide de camp du roi Jérôme. Le premier de ces tableaux fut acquis par le Gouvernement. Il a été gravé, lithographié, et la composition du peintre fut en outre reproduite sur une enseigne. Publicité bien imprévue. C'est au Musée de Lyon qu'il convient de chercher le *Martyre de sainte Agathe,* dont il existe également une lithographie. La ville d'Aix abrite dans son Musée le portrait de Sigalon.

Le 27 juin 1841, l'architecte A. de Gisors écrivait à Gigoux :

La nouvelle chapelle du Palais sera placée sous le vocable de saint Philippe. M. le duc Decazes désire que les peintures qui en seront l'ornement rappellent des épisodes de l'histoire de ce saint.

Gisors était l'architecte de la Chambre des Pairs. Il s'agit ici de la chapelle du Palais du Luxembourg pour laquelle Gigoux reçut la commande d'un tableau. L'œuvre parut au Salon de 1842. Elle a pour sujet *Saint Philippe apôtre guérissant une malade.* La même année, notre peintre expose au Louvre *Souvenir de la jeunesse d'Hoffmann : Séraphine dans le Majorat.* Le *Saint Philippe* est dans la chapelle du Luxembourg, ainsi que diverses autres compositions dont la dernière fut terminée seulement en 1846. Nous trouvons en effet ce billet au milieu des papiers de l'artiste :

Finissez-vous votre tableau ? Il me tarde de le voir en place.

Tout à vous,

A. DE GISORS.

23 octobre 1846.

Le seconde composition dont il vient d'être parlé, *Souvenir de la jeunesse d'Hoffmann,* traversa diverses péripéties. Elle fut volée, puis restituée à son auteur. Gigoux la possédait encore en 1882. Il en existe une lithographie.

Cavé n'oubliait pas son ami, qui d'ailleurs se prêtait de bonne grâce aux plus modestes études. Un arrêté ministériel du 18 avril 1843 charge notre peintre de copier le *Christ en croix,* de Michel-

Ange, moyennant 1500 fr., pour la petite église de Mirambeau dans la Charente-Inférieure.

Gigoux, en ceci, fait preuve de bon vouloir. Ce n'est pas assurément une somme de quinze cents francs qui a pu le tenter. Depuis une année, Gigoux est chevalier de la Légion d'honneur. Il a quitté le quai Malaquais pour prendre à l'Abbaye un vaste atelier et un appartement spacieux. Son travail ininterrompu, sa vogue, son talent réel lui assurent l'aisance, mais il est de ceux qui estiment que l'État doit être servi par les meilleurs citoyens, et quand l'État a besoin d'une copie, un peintre de valeur ne déroge pas en prêtant son pinceau à l'État. Au surplus, copier un maître n'est pas une occupation d'oisif. On apprend toujours dans le tête-à-tête prolongé avec les maîtres. Gigoux ne l'ignore pas. S'il a quelques loisirs, c'est au Louvre qu'il se hâte de courir. En ce temps-là, le Louvre était le rendez-vous de quiconque savait tenir le crayon. Une étude perpétuelle était le penchant des peintres de cette génération robuste et bien inspirée. Vivre pendant une ou deux semaines dans l'intimité de Michel-Ange était, à tout prendre, une bonne fortune pour notre artiste.

Entre temps, il obligeait un ami. Mme Ancelot avait eu à se plaindre des sévérités du *Moniteur*. De Grün, le rédacteur en chef du journal, était connu de Gigoux. Il fut convenu que Mme Ancelot exposerait à de Grün ses doléances et que le peintre ferait parvenir à destination la requête de l'écrivain. Cette intervention lui valut la lettre qui suit, datée du 21 novembre 1843 :

> Mon cher Monsieur Gigoux,
>
> Je vous remercie beaucoup de la communication de la lettre que vous avez bien voulu me confier. J'y ai trouvé des choses trop gracieuses pour moi, et que je ne puis accepter que comme preuve d'une disposition bienveillante à laquelle je dois être et suis fort sensible. Madame Ancelot rend une parfaite justice à mes sentiments personnels, et je n'hésite pas plus qu'elle à croire que si j'avais l'honneur de la voir, nous nous entendrions très bien. Entre nous, il n'y a qu'une pierre d'achoppement ; cette pierre c'est M. Sauvage, mon rédacteur des théâtres. Madame Ancelot attribue à des causes de vengeance personnelle les critiques de cet homme de lettres. Je n'espère pas dissiper cette erreur qui paraît bien profondément enracinée. Mais à vous, juge désintéressé, par conséquent bon juge, je pourrais fournir quelques explications péremptoires.

Ostrowski est l'ami de Gigoux. Nous avons vu le peintre exposer le portrait du comte polonais en 1833. Celui-ci veut reconnaître par une marque flatteuse les attentions de l'artiste et il lui adresse le brevet ci-après :

> En vertu de l'article 7 de la décision du 7 juin 1841, concernant l'organisation du protectorat de la bibliothèque polonaise, actuellement établie à Versailles, j'invite M. Jean Gigoux, chevalier de la Légion d'honneur, à accepter le titre de protecteur honoraire de la dite institution, ayant en vue ses lumières, ses talents éminents et l'intérêt qu'il a toujours témoigné pour la cause polonaise. — Fait à Versailles le 25 janvier 1843.
> Le palatin Antoine Ostrowsky, général anc. commdt de la Garde Nationale de Varsovie.

Les crayons de Gigoux demeurent-ils inactifs ? Ne le croyez pas. Marie Nodier, devenue Mme Menessier, a une charmante enfant, Georgette, dont notre peintre exécute le portrait. Mais voilà tout à coup la pauvrette défigurée par une fluxion ! La mère s'émeut et demande grâce à l'artiste.

> Georgette est tout à fait borgne ce soir, cher monsieur et ami, je tiens cependant à vous fournir un bon œil, et même deux, si c'est possible.
> Voulez-vous que nous remettions à dimanche la séance de demain ? Ne vous occupez pas de me le faire savoir, si cela vous convient ; sauf avis contraire, nous serons chez vous à une heure après midi.
> Je raffole de ce charmant portrait. Que vous êtes donc aimable et bon d'y avoir pensé, et que nous serons heureux de vous devoir encore cette nouvelle reconnaissance !

David d'Angers modela le médaillon de Gigoux en 1844. Au cours de la même année, le sculpteur s'était occupé du buste de Balzac. Nous avons raconté ailleurs le plaisir que prenait David à appeler un peintre dans son atelier lorsqu'il avait devant lui quelque illustre modèle. Il aimait à rivaliser de vitesse et de talent avec l'un de ses confrères dans la traduction d'une haute effigie. De l'œuvre peinte, il tirait une indication précieuse pour sa sculpture, et de l'œuvre modelée, le peintre tirait profit de son côté. A ce double travail exécuté simultanément, le modèle gagnait des heures de séance, et les heures sont quelque chose pour l'homme d'étude. David avait ainsi appelé dans son atelier Ary Scheffer, le jour où lui-même sculptait le buste de Béranger. Lorsque Balzac vint s'asseoir sur le fauteuil légendaire où Chateaubriand, Cooper, Lamartine s'étaient assis, David invita Louis Boulanger à peindre le mâle visage de l'auteur de la *Comédie humaine*. Balzac joignit son appel à celui de son statuaire. Louis Boulanger ne vint pas. Écoutons son excuse :

Mon cher Poète,

Il faut que votre bonne amitié se montre en cette occasion, c'est-à-dire qu'elle me pardonne de ne pouvoir tenir la promesse que je vous ai faite d'aller aujourd'hui peindre votre image, chez notre grand David.

Il faut que je garde mon modèle toute la journée et cela toute la semaine ; je suis dans la fièvre du travail, et voyant clairement que pour arriver au Salon je n'ai pas une minute de trop, si toutefois je puis arriver. Vous savez par vous-même ce que c'est qu'une grande besogne commencée, et vous me pardonnerez. J'y compte et je serais désolé de penser que cela est une défaite à vos yeux : le moment est diabolique, voilà tout.

J'espère que nous en retrouverons bien un quelque jour pour faire cette besogne. J'ai été prêt plus d'une fois, vous le savez, et je le serais dans ce moment, sans cette toile qui me talonne.

Merci de votre beau cadeau, cher ami. Personne ne pouvait être plus touché que moi d'un pareil présent.

Je vous serre la main,

LOUIS BOULANGER.

Comment cette lettre est-elle devenue la propriété de Gigoux ? Devons-nous croire que Balzac l'aura remise à David qui, à son tour, se sera dessaisi de l'autographe en faveur de notre peintre ?

Le médaillon de Gigoux, par David, ne dut pas être d'une exécution laborieuse. La plupart des profils modelés à la cire sur une plaque d'ardoise par l'auteur du *Philopœmen* n'exigèrent qu'une séance de pose. Le temps était d'ailleurs précieux pour le peintre qui préparait en vue du Salon une toile importante, le *Baptême de Clovis*. Cette peinture, qui n'a pas été lithographiée, est au Musée de Bordeaux. Thoré l'a décrite et, en homme de conscience, il a dit les qualités et les lacunes de l'ouvrage. Nous approchons de l'époque où la politique va s'emparer du critique et le ravir aux lettres. Laissons donc parler l'ami judicieux de Gigoux ; nous ne lui ferons plus que de rares emprunts.

La réputation de Gigoux est faite depuis plusieurs années. Sa *Cléopâtre*, exposée en 1838, est une des compositions notables de notre école contemporaine. Personne ne manie la brosse avec plus de certitude que Gigoux. C'est un praticien consommé et un excellent maître pour les élèves en peinture. Il a de la science et de la conscience, de la réflexion et de la volonté. Il a étudié les anciens maîtres au Louvre et en Italie. Il possède et pratique les procédés des meilleures écoles. Il est inquiet du style et de la grandeur, mais ses tableaux manquent quelquefois du sentiment de la beauté. Son *Baptême de Clovis* présente trois ou quatre figures excellemment peintes, les deux femmes de droite et l'homme casqué qui porte un grand manteau bleu. Les draperies blanches de la jeune fille, la robe rouge et les joyaux éclatants de la seconde femme, le manteau du soldat sont dignes, en plusieurs parties, des artistes vénitiens. Malheureusement, la figure principale, ce Clovis qui courbe la tête devant saint Remi, n'a point la tournure du glorieux Sicambre. Ses jambes grossières et lourdes, ses bras rouges et sans accent, les attaches arrondies, les mains communes enlèvent tout caractère au premier héros de notre tradition nationale. Chaque type doit avoir cependant sa beauté spéciale, dont l'art est l'interprète. Clovis nous apparaît toujours comme une grande figure élancée par sa conviction et son audace. Ces barbares prédestinés ont dans nos annales une allure si brusque, si franche, si imprévue ; ils vont au-devant de la civilisation et de la lumière, sans savoir où ils vont, mais rien ne saurait les retarder. C'est cette marque radieuse d'une fatalité salutaire qui n'est point écrite au front du Clovis par Gigoux.

Deux tableaux de Gigoux parurent au Salon de 1845. Le premier, *Mort du duc d'Alençon à la bataille d'Azincourt (25 octobre 1415)*, est une page d'histoire dont nous ne pouvons rien dire. Il n'en existe pas de lithographie et le tableau placé dans le château de Frasne (Haute-Saône) échappe à nos investigations. Le second, *Mort de Manon Lescaut,* fut l'objet, de la part de Thoré, d'une critique pleine de réserves. Voici en quels termes s'est exprimé l'écrivain, que nous savons être un ami du peintre :

> Il faut beaucoup de lumière à cette peinture, dont les fonds sombres accusent une intention de mélancolie. Quelle que soit la liberté de l'artiste, on pourrait s'étonner que Gigoux ait choisi ce moment suprême de l'admirable roman de l'abbé Prévost. Le caractère de l'inconstante Manon est nécessairement effacé dans cette immobilité de la mort... La voilà donc couchée pour toujours, et le pauvre chevalier, accoudé près d'elle, la contemple avec désespoir ; la tête, déjà marbrée par le froid de la mort, est fort belle, et la ferme poitrine est bien peinte. On retrouve dans ce torse toute l'habileté pratique de Gigoux ; mais la tournure de l'amant désolé n'est pas heureuse. Gigoux avait montré, dans quelques figures de sa grande composition de *Cléopâtre,* plus de sentiment du style. Peut-être cette proportion de grandeur naturelle, s'accommodait-elle difficilement à un épisode romanesque, qui semble plutôt appartenir à la peinture de genre.

Gigoux avait-il gardé le souvenir des restrictions du critique ? Son tableau était demeuré sa propriété, et, de temps à autre, l'artiste se laissait aller à un accès d'humeur au sujet de cette toile. « Je la brûlerai, disait-il parfois, je n'en suis pas content. » Nous ignorons si le peintre a donné suite à son projet. Cette peinture est lithographiée.

Le père de Clesinger avait recommandé son fils à Gigoux. Ce ne fut pas en vain. Dès les premières années de son séjour à Paris, le sculpteur reçut accueil chez le peintre. Ces lignes datées du 4 février 1840 en sont la preuve :

> Monsieur Gigoux, je suis casé dans ma chambre à travailler moi-même à la mise au point du buste de M. le général Bougerel. J'ai lieu d'être satisfait de mon travail ; il est en bonne route ; j'espère finir pour le 15 ou le 16 de ce mois. Je ne puis perdre un quart

d'heure, il y a une grande tâche ; avec du courage et quelques-uns de vos bon conseils, j'espère faire un beau buste. Si je ne craignais pas de vous déranger, j'irais travailler vers vous maintenant qu'il n'y a plus que le ciseau et la râpe, ce qui ne fait pas de bruit ; je pourrais par là être sûr de moi-même, car sous vos yeux je serais sûr de ne pas m'écarter du beau.

Clesinger, tout jeune encore, osant demander à Gigoux l'autorisation de transporter son marbre dans son atelier et de l'achever sous ses yeux, atteste par la liberté de la requête la bienveillance du peintre à son endroit. Il convient de remarquer que, cinq ans plus tard, le sculpteur se montre encore plein de déférence envers notre artiste. Cette fois, c'est dans son propre atelier qu'il convoque Gigoux, mais il le fait avec le respect qui sied au disciple et à l'obligé :

> Mon cher maître, je profite d'un moment de répit pour causer un peu avec vous, vous dire que je travaille nuit et jour, que je fais mon possible pour être digne de mes protecteurs et amis, en particulier de vous, cher Monsieur Gigoux, qui avez bien voulu vous occuper du pauvre sculpteur. Je désirerais beaucoup que vous puissiez venir me voir demain mercredi, entre midi et trois heures, M. et Mme de Magnoncourt y seront, M. de Rambuteau y sera, M. Vitet, etc. Combien je serais heureux si je pouvais vous faire plaisir !

Charlet va mourir. David est son ami. La pensée lui vient que Gigoux sera sans doute heureux de prendre un profil du grand artiste. Il l'appelle en ces termes à une suprême entrevue :

> Si vous voulez, cher ami, dessiner la tête d'un homme de génie, venez me prendre demain matin à 11 heures, nous irons chez Charlet qui sera très content de vous recevoir. Apportez vos affaires pour commencer de suite.
>
> Tout à vous de cœur.
> DAVID.

Quelques semaines plus tard, David achevait de modeler la statue de Larrey, placée dans la cour du Val-de-Grâce, et il faisait inviter Gigoux par M. Hippolyte baron Larrey, fils du chirurgien de la Grande Armée, à venir voir son œuvre avant qu'elle passât aux mains du mouleur. Cavé informait notre peintre que sur son apostille le ministre de l'Intérieur venait de commander un tableau à Hector Martin. « Je vous prie d'annoncer cette nouvelle à M. Martin, écrivait Cavé, avec tous les ménagements que réclame sa position ». Théophile Gautier s'excusait de ne pas répondre à l'appel de Gigoux, étant à la veille d'un voyage : « Je pars à l'instant pour Venise et le reste de l'Italie où je vais étudier les maîtres que vous connaissez si bien et parmi lesquels on vous comptera lorsque vous aurez l'avantage d'être mort ». De ce voyage, Théophile Gautier rapporta le livre que nous avons tous lu : *Italia*.

Préault demande à Gigoux de dessiner la plaque commémorative d'Eustache Le Sueur, destinée à être placée à Saint-Étienne-du-Mont. « Que cela soit sobre, funèbre et sculptural », écrit Préault. Bocage, le comédien, harcèle notre peintre dans le but d'obtenir un de ses ouvrages : « Eugène Delacroix vient de m'envoyer un tableau fait tout exprès pour notre exposition. Et vous ? vous m'oubliez. C'est très mal ».

Ce n'est pas un tableau que Mlle Doze, de la Comédie-Française, réclame de Gigoux, mais une journée de son temps, et à quelle occasion ?

Mon cher Michel-Ange,

Nous nous marions demain matin à Santeny. Voulez-vous nous faire l'amitié d'être notre témoin ? Roger compte que vous voudrez bien lui donner cette preuve d'affection. Roger vous a choisi à l'exclusion de tout autre. Je comprends cette préférence. Le talent doit avoir le privilège de porter bonheur.

Mlle Doze, actrice et écrivain, épousa, on le sait, Roger de Beauvoir, l'auteur du *Chevalier de Saint-Georges*.

Tel est l'écueil de la vie parisienne. L'homme de talent, l'homme en vue doit protéger ses heures sous peine de n'avoir plus qu'une existence dispersée. Combien d'artistes ou d'hommes de lettres se sont amoindris et insensiblement usés à ce contact perpétuel des oisifs, à ces sollicitations dévorantes qui sans cesse les assaillent ! Gigoux est de trempe trop mâle pour fléchir. Sa volonté le ramène invariablement à son œuvre.

Thoré l'a dit mieux que nous et avec l'autorité du témoin, dans une page où il raconte la mort prématurée du jeune Hector Martin dont il vient d'être question. Cet élève de Gigoux était un dessinateur remarquable et promettait de devenir un artiste de haute valeur.

Gigoux représente assez bien pour notre époque ce que représentent les Bolonais dans l'école italienne. C'est un maître très habile et entièrement dévoué à son art. Comme les Carrache, qui avaient toujours le crayon à la main, et qui dessinaient en marchant, en mangeant, et presque en dormant, Gigoux est sans cesse occupé de son amour. Il peint dès le lever du soleil, et il dessine le soir. Il passe de son atelier dans l'atelier de ses élèves qu'il encourage de sa parole et de son pinceau. Comme les Carrache, il a formé une pléiade de peintres fort distingués ; il vient de perdre, hélas ! un de ses disciples favoris, Hector Martin, un charmant artiste, qui était déjà un habile praticien à vingt ans, et qui avait exposé un paysage au foyer de l'Odéon. Nous l'avions élevé, — Gigoux, Rousseau et moi, — comme notre enfant à tous trois. Il est mort après avoir produit quelques fleurs d'une belle couleur.

Quand le Salon de 1846 ouvrit ses portes, notre peintre y tenait sa place accoutumée d'homme de travail et de tradition, avec une composition de fière allure, le *Mariage de la Sainte Vierge*. Cette peinture, qui a été lithographiée, était destinée à la chapelle de la Chambre des Pairs. Deux autres toiles, non exposées, *Saint Louis ensevelissant les morts* et *Saint Louis pardonnant au comte de La Marche à Taillebourg*, achevées vers le même temps, furent également placées dans cette chapelle. Le *Mariage de la Vierge* n'est pas le meilleur tableau de notre artiste. L'excès d'assimilation nuit à la personnalité du peintre, et Gigoux n'a pas su se défendre de la séduction que les maîtres exerçaient sur lui. A force de se pénétrer de leurs œuvres avec conviction, il en est venu à parler leur langue sans y mettre l'accent individuel qui seul est la garantie de l'originalité chez les modernes.

Le talent de Gigoux, écrit Thoré, s'est déjà transformé plusieurs fois ; mais, au travers de ses métempsycoses, il lui reste toujours une exécution large et sévère, qui indique l'assimilation des maîtres de la grande école. Par malheur, son style manque d'individualité. A force de pratiquer les maîtres, comme avaient fait les Bolonais, ses compositions n'ont plus de caractère particulier. Annibal Carrache avait la prétention de résumer dans ses tableaux le dessin des Florentins, la couleur du Corrège et l'ordonnance de l'école romaine. Ces résumés sont toujours dangereux et nuisent à la spontanéité de l'artiste. L'aspect général du *Mariage de la Vierge*, par Gigoux, n'est donc pas très saisissant, quoique la disposition de la scène soit bien agencée et que les morceaux soient excellemment peints. La Vierge, placée à droite, et les chastes figures de femmes groupées derrière elle, ont du charme et de la simplicité ; mais le saint Joseph et le grand-prêtre sont un peu lourds. Le grand manteau jaune du Joseph n'est pas d'un goût parfait. Les compositions historiques paraissent mieux convenir au peintre de la *Mort de Léonard de Vinci* et de *Cléopâtre essayant des poisons sur ses esclaves*.

Un tableau de Fra Bartolomeo, conservé dans la cathédrale de Besançon, est menacé d'une destruction prochaine ; on a signalé le fait au ministre de l'Intérieur. Celui-ci prend un arrêté, le 1er juillet 1846, en vertu duquel Gigoux, transformé pour la circonstance en inspecteur des Beaux-Arts, est chargé d'aller s'entendre avec le préfet du Doubs sur les mesures à prendre dans le but de sauver l'œuvre du grand Florentin.

Les attaches du peintre avec l'État, ses commandes, ses succès, les élèves qu'il avait formés ne le plaçaient pas à l'abri des verdicts sévères du jury. Le Salon de 1847 lui fut fermé. Cependant, l'œuvre qu'il présentait, *Charlemagne,* était une commande officielle. Sa peinture devait prendre place au Conseil d'État. Gigoux ne fut pas seul, cette année-là, à subir les rigueurs de l'Institut. Chassériau, Maindron, Borione et quelques autres se virent refuser l'entrée du Louvre. L'opinion s'en émut et Thoré, qui allait parler du peintre pour la dernière fois à l'occasion du Salon, prit sa défense en ces termes pleins de mesure :

> Le *Charlemagne* est une composition noble et forte, pleine de bon sens et fermement exécutée. L'empereur est debout, plus grand que nature, dans une pose noble et tranquille. Pendant que sa tête méditative combine une législation immortelle, sa main commande au secrétaire assis près de lui d'écrire les formules. A droite, un personnage, en manteau rouge un peu vif, se penche sur la table et s'entretient avec le scribe. La scène est très simple et bien comprise dans son caractère historique.

Le *Charlemagne* valut à l'artiste une lettre curieuse du comte de Lezay-Marnésia, pair de France. En voici le texte :

> Mon cher maître,
>
> Voulez-vous me permettre de vous amener, ce matin, un de mes amis passant à Paris, et qui désire beaucoup vous connaître, et voir votre *Charlemagne*. C'est un ecclésiastique ; ne vous effrayez pas de sa robe noire, c'est un très aimable homme.
> C'est lui qui a fait votre mariage. Si donc vous le trouvez bon, nous allons aller vous voir.
>
> Tout à vous de cœur.
>
> LEZAY-MARNÉSIA.

Ce billet renfermait une étrange inexactitude : Gigoux est mort célibataire. N'importe! Il lui parut plaisant de voir le prêtre qui l'avait marié. Il écrivit un mot à Lezay-Marnésia et l'entrevue demandée eut lieu : « — Entrez, Messieurs. Bonjour, mon cher comte. Je vous salue, Monsieur le Curé. Il paraît que nous sommes d'anciennes connaissances? Je n'ai pas trop changé, n'est-ce pas?... — Mais... fait le prêtre embarrassé. — Vous me reconnaissez bien, je le suppose ? — Pas absolument, dit l'ecclésiastique. — Ah! voilà qui me rassure ; je ne me suis pas marié ; c'est ce qui vous explique la difficulté dans laquelle je suis de vous présenter madame Gigoux, car elle n'existe pas. — En effet, reprit l'abbé, il y a méprise ; ce n'est pas vous que j'ai marié ; l'autre était grand et mince... — Et moi je suis trapu, je le sais ». Un triple éclat de rire retentit dans l'atelier et la conversation s'engagea sur le ton le plus aimable. « — C'est égal, fit tout à coup le peintre qui était remonté sur son échelle, vous m'avez écrit là, mon cher comte, des lignes bien compromettantes, et si quelque biographe mal informé découvre par hasard votre billet quand je ne serai plus, le digne homme ne manquera pas d'affirmer que j'étais marié avant 1845. C'est ainsi, vous le savez, que dans bien des cas on écrit l'histoire. — Brûlez le billet, si ce n'est déjà fait, dit aimablement Lezay-Marnésia, et n'en parlons plus. Il a fait son effet puisque nous voilà : c'était tout ce que souhaitait monsieur l'abbé. » Le billet ne fut pas brûlé. Nous l'avons lu ; nous le publions, mais entre nos mains, ce texte ne risquait pas d'être pris à la lettre. Nous avions nos références pour contredire à temps un écrivain hâtif, fût-il doublé d'un pair de France, devenu plus tard sénateur.

L'un des tableaux remarqués du Salon de 1847 fut celui de Couture, *Romains de la décadence*. Gigoux aimait à dire que Couture s'est inspiré, voire même servi dans une large mesure de sa composition, *Antoine et Cléopâtre,* pour distribuer ses propres groupes. Notre peintre ajoutait que Théophile Gautier, frappé de l'analogie qui existe entre les deux œuvres, avait signalé le... plagiat. Gigoux se trompait. Gautier n'a rien écrit de semblable. Thoré, il est vrai, relève timidement une similitude lointaine entre les tableaux de Couture et de Gigoux. Il se borne à dire que le premier « rappelle un peu la composition du second ». De telles rencontres ne sont pas rares et ne peuvent donner lieu à reprise. Gigoux lui-même, dans l'arrangement des groupes de sa *Cléopâtre*, n'est-il point redevable de quelques effets à Véronèse ?

Heureux temps que celui où un peintre refusé au Salon ne devenait pas suspect à la presse et pouvait compter sur des commandes de l'État au lendemain de son échec ! Ce fut le cas de Gigoux. Le 24 juillet 1847, il reçut la commande, au prix de 8000 francs, d'un tableau dont il aurait à soumettre le sujet et qui devait trouver place au Musée de Besançon. L'artiste choisit le *Départ des Volontaires du Doubs*. L'idée était heureuse. Elle plut aux Bisontins. On députa vers le peintre des hommes de goût en mesure de lui donner un avis. La lettre qui suit, écrite par Charles Weiss, bibliothécaire de la ville de Besançon et correspondant de l'Institut, jette un jour inquiétant sur les obsessions que l'artiste eut à subir :

> M. Perron qui, dans son dernier voyage à Paris, a vu le tableau que vous destinez à notre Musée, m'en a parlé comme de votre chef-d'œuvre ; il vous a conseillé de profiter de la circonstance pour reproduire les traits des généraux de notre province les plus illustres, qui, tous ou presque tous, ont fait leurs premières armes dans les bataillons de volontaires, et c'est à mon avis une heureuse idée. M. Bretillot me charge de vous dire qu'il partage l'opinion de M. Perron. Rien ne serait plus agréable que de trouver réunis dans votre tableau, comme dans une galerie, les portraits de Lecourbe, de Donzelot, de Morand, de Delort, etc.

On devine si le peintre dut être ravi de tant de conseils dans lesquels il est aisé de voir des injonctions. La lettre que nous rappelons ici est du 1er janvier 1848. Il y avait cinq mois qu'il était en possession de sa commande, et cinq mois pour un homme tel que Gigoux suffisaient à l'accomplissement d'une tâche importante. Mais, bien avant cette date, notre peintre avait reçu deux autres commandes officielles. Le 30 août 1847, le préfet de la Seine avait confié à l'artiste l'exécution d'un tableau destiné à l'église de Sainte-Marguerite et dont le sujet devait être un *Trait de la vie des Hébreux dans le désert*. Cette commande était de 4000 francs. La peinture de Gigoux, terminée en 1856, mesure 3m45 sur 2m30. Elle représente des femmes étendues sur le sable et Moïse debout.

Le 15 septembre, l'artiste recevait la commande, moyennant 1500 francs d'un *Christ en croix* pour le tribunal de Montmédy. Dix jours plus tard, Cavé réclamait à Gigoux, au nom du ministre, le *Christ* qu'il avait été chargé de peindre pour le tribunal de Brives. Convenons-en, ces travaux sont trop nombreux ; ils excèdent la mesure, et le peintre qui les exécute ne s'accorde pas le temps de réfléchir et de bien faire. En art, ce n'est pas la quantité des œuvres qui compte, mais l'excellence et l'originalité de quelques pages.

Corot, mandé par Gigoux au sujet de son portrait, manque au rendez-vous, retenu près de son père, malade à Ville-d'Avray. Mlle Guimond veut poser devant le peintre : « Je ne mets pas en doute, écrit-elle, que vous ferez un chef-d'œuvre, et pourtant je mets au défi votre pinceau : il ne pourra jamais rendre sur ma physionomie tout le bien que je pense de vous. Mille admirations ».

De La Saussaye, membre de l'Institut, presse Gigoux de se rendre à Blois avec Longpérier, Duchalais, Saulcy et Soultrait pour un bal ! Ostrowski le fait juge de ses déboires au sujet de son drame, *Jean Sobieski*, refusé au Théâtre-Français sur le rapport de Lireux, alors examinateur des pièces présentées. Dauzats et vingt autres se disputent sa présence. Mais nous sommes au 24 février 1848. Paris a renversé la monarchie. Un Gouvernement provisoire préside aux destins de la France. Ledru-Rollin, devenu ministre, appose sa signature sur la pièce suivante :

MINISTÈRE DE L'INTÉRIEUR

ARRÊTÉ

Nous, Ministre secrétaire d'État au département de l'Intérieur, arrêtons ce qui suit : Les citoyens LESSORE peintre, et GIGOUX peintre, sont délégués par le Gouvernement provisoire pour veiller à la garde du Palais et du Musée de Versailles. Les autorités publiques et la garde nationale sont requises de leur prêter force et assistance. Paris, le 26 février 1848. Le ministre de l'Intérieur, signé : LEDRU-ROLLIN.

L'heure était solennelle. L'émeute mal domptée pouvait accumuler les ruines dont elle avait semblé se faire un jeu. Le Palais-Royal et Neuilly étaient en feu. On avait saccagé les Tuileries. Le Louvre était menacé. Qu'adviendrait-il de Versailles si la populace en délire recevait un fatal mot d'ordre ? Gigoux et Lessore acceptèrent d'occuper le poste de défense auquel les appelait le Gouvernement provisoire. Mais, peu de temps après, lorsque le pouvoir eût repris pied, Gigoux résigna ses fonctions de conservateur. Par une lettre pleine de mesure, dont nous n'avons pas retrouvé le texte, le peintre fit connaître au Gouvernement son désir de recouvrer sa liberté.

Les relations anciennes de l'artiste avec Lamartine permirent à

Gigoux de compter sur la bienveillance de l'État sans qu'il eût à faire le moindre effort. Notre peintre prit part au Salon de 1848 avec huit dessins. L'un représentait *Charlotte Corday*. L'auteur en fit hommage à l'historien des Girondins. Cette composition a été gravée. Les sept autres dessins étaient des portraits. A l'issue du Salon, Gigoux obtint une nouvelle médaille de première classe ou récompense nationale dont le diplôme avait été soigneusement conservé par lui. Lamartine, homme du monde, ouvrait volontiers ses salons. L'artiste aimait à se rendre aux invitations de l'homme d'État.

Se trouvant un soir chez Lamartine au ministère des Affaires étrangères, Gigoux, avec ce franc-parler qui lui était propre, mit la conversation sur David. — « Jamais, depuis les Romains, dit le peintre, aucun statuaire n'a mieux interprété la tête humaine que David ne l'a su faire. — Vraiment ? dit Lamartine, je ne m'en doutais pas ! — Je le regrette, et pas pour David, reprit finement l'interlocuteur. Voyez ses innombrables médailles : elles sont immortelles. Il y aura longtemps, croyez-moi, qu'on ne parlera plus de nos « célébrités » que les bronzes de David porteront encore le témoignage de tant d'existences oubliées ». Le cercle s'était fait autour des deux hommes, et le dialogue n'avait rien d'agréable pour Lamartine, qui s'efforçait de cacher son impatience. — « Mais, reprit-il tout à coup, David n'a rien dans sa personne qui impose. — Qu'est-ce que cela ? riposta le peintre, vous connaissez comme moi les paysages de la Suisse, monsieur de Lamartine, vous souvenez-vous des sources du Rhin ? Qui oserait nommer le grand fleuve en face de l'humble ruisseau de la vallée de Reinwald ? — C'est juste ! interrompit vivement Lamartine. Il est curieux ce Gigoux avec ses comparaisons !.. » et prenant occasion de clore l'entretien par une description de paysage, l'auteur du *Voyage en Orient* fit une habile digression sur la Suisse.

Ainsi Gigoux mettait à profit le crédit dont il pouvait disposer au service de ses amis. A cette même époque, le statuaire David était maire d'un arrondissement de Paris.

Cavé n'était plus l'arbitre des commandes, mais c'était Charles Blanc qui l'avait remplacé au ministère de l'Intérieur, et le critique encore peu connu se trouvait lié avec Gigoux. L'effet de cette bonne camaraderie ne se fit pas attendre. Par un arrêté du 21 septembre 1848, le ministre charge notre artiste de peindre, moyennant 4000 francs, un tableau *Antoine et Cléopâtre après la bataille d'Actium*. La formule du document officiel est bizarre. Il y avait longtemps que Gigoux avait peint sa toile. En réalité ce n'était pas une commande mais une acquisition que visait l'arrêté de Sénart, alors ministre. Le 12 octobre suivant, l'artiste recevait, pour 4000 francs encore, la commande d'un tableau « dont le sujet et l'esquisse devaient être soumis au ministre ». Dufaure était alors titulaire du portefeuille de l'Intérieur.

Monteil, vers la fin de 1848, pressait Gigoux de s'associer avec lui pour la publication d'une édition illustrée de l'*Histoire des Français des divers états* : « J'ai besoin d'argent, écrivait Monteil. Bonne année, excellent homme, excellent artiste ! Dieu vous donne abondamment ce qui me manque ! »

L'année suivante, Gigoux expose sept dessins. L'un est le portrait de Lamartine. L'artiste en fait hommage au modèle. Les six autres sont les portraits de Mme Maxime David, de Considérant, de Mme de Beauvoir et de trois personnes désignées par une initiale au livret. Les portraits de Considérant et de Mme Roger de Beauvoir furent offerts aux modèles. Il existe une lithographie des portraits de Lamartine et de Considérant.

Charles Blanc n'oublie pas son ami. Dufaure, redevenu ministre de l'Intérieur après Malleville et Léon Faucher, signe le 29 octobre 1849, — la veille même de son départ, — un arrêté chargeant notre peintre d'exécuter moyennant 7000 francs un tableau dont le sujet et l'esquisse seront ultérieurement soumis à l'administration. L'artiste choisit le *Christ descendu de la croix et veillé par des anges*.

Au Gouvernement provisoire, à la présidence de Cavaignac, a succédé celle du prince Louis Bonaparte. Le cercle des relations de Gigoux s'accroît de la connaissance du comte d'Orsay. Nous avons lieu de penser que ce fut ce personnage qui suggéra au peintre l'idée d'exécuter le portrait du roi Jérôme. L'œuvre ne satisfit pas pleinement le modèle. Une lettre de d'Orsay laisse peu de doute sur la déception de l'ancien roi de Westphalie, devenu gouverneur des Invalides :

Mon cher Gigoux, j'ai une idée, c'est que vous aurez sans doute deux portraits du Roi à faire. Donc, si j'étais à votre place, je commencerais dès maintenant une copie de celui qui est presque terminé. Je mettrais tout l'atelier à l'œuvre pour ce travail, et dans quarante-huit heures l'ensemble serait fait. Vous auriez soin de concevoir cette copie plus grande que le premier tableau, car le Roi a l'idée fixe que vous l'avez fait trop petit, et, en y réfléchissant moi-même, je pense qu'il y a dans votre tableau un manque de quantité en hauteur et en largeur. Exagérez, s'il le faut, la copie et vous lui ferez plaisir. Nous jugerons ensuite laquelle des deux œuvres devra paraître à l'exposition. Suivez mon conseil.

Le digne homme que ce comte d'Orsay ! Se donne-t-il du mal pour arranger toutes choses au gré du prince dont il est le familier, au gré de l'artiste dont il est l'ami ! Je ne crois pas que l'innocent complot de d'Orsay ait réussi. Ni la peinture primitive, ni sa copie, — à supposer que Gigoux l'ait exécutée, — ne figurèrent au Salon.

Mais que se passe-t-il ? Thoré est hors de France. Il a fui. Il se cache. Les biographes nous avaient dit que Thoré s'exila au lendemain du coup d'État de 1851. C'était une erreur. Nous avons transcrit chez Gigoux deux lettres du critique, écrites de Suisse et datées de 1849. Ce ne sont pas les lettres d'un touriste, mais bien d'un réfugié. Quel est ce mystère ? C'est que Thoré ne fut pas seulement écrivain d'art, il fut aussi un publiciste militant. Sous le gouvernement de Juillet, il avait subi deux condamnations pour délits politiques. Le 24 février, les rédacteurs de la *Réforme* avaient inscrit Thoré sur la liste des membres du Gouvernement provisoire qui faillit l'emporter à l'Hôtel-de-Ville contre la liste dressée à la Chambre des députés. Le 26 mars, il avait fondé la *Vraie République*, et un an plus tard, le 9 mars 1849, le *Journal de la Vraie République*, où il préconisait la révolution sociale. Barbès, Pierre Leroux, George Sand s'étaient associés à l'audacieux écrivain. Un coup de barre au gouvernail l'avertit qu'il était menacé. Il partit. Sous quel nom ? sous quel déguisement ? Sans doute avec l'attirail d'un artiste sans préméditation, sans but, guidé par son rêve ou les accidents de la nature. Une première lettre, du 21 août 1849, est curieuse :

> Mon cher maître, je vous ai fait dire bien des amitiés aussitôt mon arrivée en Suisse. Mais il faut pourtant que je vous remercie de vive plume, des bonnes leçons que vous m'avez données avec tant de complaisance, et même de votre boête à couleurs. Je vous la reporterai moi-même dans votre atelier quand il plaira au peuple de faire sa république de liberté et de justice.
>
> Je ne me suis pas encore mis à travailler. Il faut que je sois installé pour cela. Mais qui sait l'avenir, et que ferons-nous demain ?
>
> Adieu, mon ami, prenez ce petit billet comme un simple témoignage de ma vieille fraternité.
>
> T. T.
>
> Amitiés à M. Perron. — Ne dites à personne où je suis.

Mais plus curieuse encore est la lettre de Thoré, du 8 septembre suivant. Il est à Lausanne. Il a pris le nom de Paul Dutreilh et s'est qualifié du titre de peintre. On l'a cru sur parole. On veut un tableau de lui. Grand embarras. Il prétextera quelque empêchement de peindre une nouvelle toile mais il fera la preuve de sa notoriété à Paris en produisant les pièces officielles d'une commande ou d'une acquisition prochaine. Le directeur des Beaux-Arts tient en haute estime Paul Dutreilh, et l'effet de cette estime ne saurait tarder à se manifester. Le stratagème réussit. On prend Thoré ou mieux Paul Dutreilh pour un grand artiste. A lui maintenant d'obtenir le précieux témoignage qu'il doit montrer. Il écrit donc à Charles Blanc :

> Mon cher Directeur,
>
> Le citoyen Paul Dutreilh qui est moi, pour le moment en Suisse, a un Sosie à Paris. Le Paul Dutreilh de Suisse te recommande bien sympathiquement le Paul Dutreilh de Paris. Il faut que tu m'achètes ou que tu me commandes un paysage. Ce n'est pas moi qui le ferai, mais bien le peintre de Paris. Je n'ai pas besoin de te dire que j'ai beaucoup de talent, — en France, mais non en Suisse. Cette vanterie m'est permise puisque je parle de l'autre qui n'est pas moi. Il y a dans Paul Dutreilh, deux artistes, un qui fait de la bonne peinture, à ce qu'on dit, et un qui faisait de la mauvaise critique, à ce que je crois. Les deux te seront très reconnaissants si tu charges d'un tableau le vrai peintre, celui de Paris.
>
> Amitiés.
>
> PAUL DUTREILH
> dit T. T.

Me trompé-je ? En trouvant cette lettre parmi les papiers de Gigoux, je soupçonne notre peintre d'avoir été le sosie de son ami. Si quelque toile fut acquise ou commandée par Charles Blanc, conformément au souhait de Paul Dutreilh, ce dut être à Gigoux, et l'annonce empressée de la décision ministérielle partit sans doute à destination de Lausanne. Quel moyen plus sûr pour Paul Dutreilh d'établir son identité que la production discrète d'un document de cette importance ?

Le 7 février 1850, Ferdinand Barrot, ministre de l'Intérieur, prend un arrêté commandant à Gigoux pour 10.000 francs deux peintures de 4 mètres sur 3 mètres, destinées au premier étage de la salle d'attente du palais du quai d'Orsay. Selon la coutume à cette époque, — coutume dangereuse, — le peintre était libre de faire connaître ultérieurement le sujet qu'il aurait choisi. Gigoux opta pour la *Moisson* et les *Vendanges*. Charles Blanc se déclara satisfait et le peintre se mit à l'œuvre. Ses toiles qui prirent place au palais du Conseil d'État et de la Cour des Comptes furent achevées en 1855, et le 28 décembre de cette même année, un nouvel arrêté porta au chiffre de 16.000 francs le montant de la commande de 1850.

Y eut-il un Salon en 1850 ? La question n'a pas été résolue. C'est le 31 décembre que les artistes vivants furent admis à placer leurs ouvrages sous les yeux du public dans les salles du Palais national. L'exposition eut donc lieu en janvier 1851. Gigoux y envoya le *Christ* que Dufaure lui avait commandé en 1849. Il joignit à cette toile la *Mort de Cléopâtre,* placée depuis au Luxembourg et lithographiée par Lasalle ; les portraits de Mlle Claudine, de Mme R..., une *Étude,* une *Grisette,* peinture offerte à Marquiset, puis les portraits de Mlle Sophie G..., devenue Mme Crémieux, de Mlle Hélène de Fontanelle, depuis comtesse de Larcillac, et de Mlle Ethel, fille de Mme Errington. Ces trois portraits furent offerts aux modèles. Un portrait de Mme Ristori, dans le rôle de *Marie Stuart,* date de cette époque. Gigoux l'a conservé dans son atelier.

Vers le même temps, les relations de notre peintre avec Meissonier, Gudin, Édouard Charton deviennent plus intimes. Meissonier l'appelle à Poissy où il rencontrera Français ; Gudin se réjouit de passer une soirée avec Gigoux en compagnie de Charles Blanc, du comte d'Orsay et de « ce bon Mercey [1] ! » Charton, l'éditeur du *Magasin pittoresque,* désire que notre peintre l'introduise chez Monteil, l'auteur de l'*Histoire des Français des divers états.* Apprenons ce que pense Charton du livre de Monteil :

J'ai tardé à vous écrire parce que j'espérais aller vous voir et vous prier de me conduire chez M. Monteil.

Accablé de travail du matin au soir, je ne sais quand que je pourrai réaliser ce projet que je n'abandonne point.

En attendant, veuillez être mon interprète auprès de M. Monteil. Veuillez lui dire combien je suis touché de sa bienveillante attention. Je relis son ouvrage dans mes rares loisirs d'après minuit, et j'éprouve de nouveau tout le plaisir qu'il m'avait fait éprouver la première fois. C'est là vraiment de l'histoire de France populaire, sincère, saisissante. Toutes les autres, mêmes les meilleures, sont arides, difficiles à lire, à conserver dans la mémoire. L'œuvre de M. Monteil a seule un caractère puissant d'originalité, et seule ressemble à la vie.

[1] Frédéric Bourgeois de Mercey, peintre et littérateur, directeur des Beaux-Arts en 1853, membre de l'Institut en 1859 ; auteur des *Études sur les Beaux-Arts* et de *l'Histoire de la gravure en médailles en France.*

D'Orsay est sculpteur. Il a montré sans doute quelques esquisses de sa composition à notre peintre qui a paru satisfait. Mais, en homme désireux de servir son ami, Gigoux s'avise d'intéresser Pradier aux sculptures de d'Orsay. Les conseils de Pradier seront plus précis, plus décisifs que ne sauraient l'être ses propres avis. Il écrit donc à d'Orsay pour lui faire part de la nouvelle, et celui-ci lui répond :

> Merci, mon cher Gigoux, de votre bonne lettre, c'est l'effusion d'un excellent cœur qui comprend le mien envers vous. Je suis charmé de l'opinion de ceux que vous citez, mais gare, comme dit Lamartine, au regard corrosif du public ! Si vous venez samedi à 7 heures et demie, j'y serai, heureux de vous voir. Je serai plus que charmé de connaître M. Pradier. Il y a longtemps que je l'admire de loin ; il est temps que cela soit de près. Il faudra me prévenir la veille de votre visite avec lui.

A quelques jours de date, nouvelle lettre de d'Orsay qui appelle Gigoux dans son atelier, cette fois pour un portrait d'enfant :

> Mon cher Gigoux, voulez-vous venir demain soir, vendredi, à 8 heures un quart ou et demie, à mon atelier, nous prendrons du thé et du punch avec cinq ou six amis. Il y aura cette dame anglaise avec cet admirable enfant qu'elle amènera exprès pour vous. Vous pourriez faire la petite esquisse. Ne parlez pas de cette petite soirée, car je n'ai invité personne pour que nous puissions être parfaitement tranquilles.

« Cette dame anglaise » que d'Orsay ne nomme pas est mistress Hervey.

Alexandre Dumas, plus prompt qu'aucun autre, souhaite aussi d'avoir un portrait. Il n'appelle pas le peintre, mais il lui envoie le modèle : « Voici l'enfant. Ne trouvez-vous pas que le pastel serait très joli avec les cheveux dénoués et tombant derrière comme des cheveux d'ange ? Une robe *idem*. — Encore merci ».

La *Mort de Cléopâtre* exposée au Salon est acquise au prix de 5000 francs par arrêté du 26 mai 1851, signé de Léon Faucher. L'artiste est en plein labeur. Il a déjà terminé son tableau de la *Moisson* pour le Conseil d'État, et sans doute il s'occupe des *Vendanges*. La toile est grande, nous l'avons vu. Le peintre demande un atelier au Louvre. Nieuwerkerke lui refuse cette faveur, mais sa lettre n'a rien d'officiel et elle débute par ces mots de bon augure : « Mon cher Gigoux ».

D'Orsay, lui aussi, est un laborieux. Il médite une statuette représentant le roi Jérôme. Il a besoin de documents, n'osant pas importuner son modèle pour travailler d'après la nature. Gigoux le sortira d'embarras.

> J'ai oublié hier de vous demander le prêt pour quelques jours de votre portrait du roi Jérôme au pastel. Il me sera utile pour la petite tête de la statuette. Confiez-le au porteur, à moins que vous ne désiriez lui donner un petit coup d'après votre tableau à l'huile.
> Dans ce cas, vous m'enverriez le pastel demain. Qu'en dites-vous?

Nous savions que Gigoux avait peint le roi Jérôme, mais rien jusqu'ici ne nous avait révélé l'existence d'un second portrait au pastel. Que parlé-je de deux portraits? Il y en eut trois. Je découvre en effet un arrêté de M. de Persigny, ministre de l'Intérieur, qui, le 8 juin 1852, charge Gigoux d'exécuter pour 3000 francs « un second portrait en pied de M. le maréchal Jérôme Bonaparte, gouverneur général des Invalides, président du Sénat ». C'est Romieu, d'ineffable mémoire, alors directeur des Beaux-Arts, qui avise Gigoux de la décision ministérielle.

Le Salon de 1852 a ouvert ses portes. Le peintre y est représenté par trois œuvres, la *Madeleine*, *Galatée* et le portrait au pastel de Mme de Balzac. Ce portrait, lithographié par Lasalle, fut offert au modèle et rentra plus tard entre les mains de l'artiste. La *Madeleine*, lithographiée par Mouilleron, décorait l'atelier du peintre en ces dernières années. Nanteuil a lithographié la *Galatée*[1]. L'œuvre de Gigoux, acquise par l'État à une date qui nous échappe, fut déposée en 1875 au Musée de Besançon. Charles Blanc écrivit sur la *Galatée* deux pages de critique qu'il ne trouva pas l'occasion de publier. Le peintre réclama le manuscrit de cette brève étude et le conserva. Douze ans plus tard, Charles Blanc, ayant eu à parler des peintures exécutées par Gigoux à Saint-Gervais, redemanda son texte inédit dont il reprit quelques passages, mais la critique de 1852 est, à tout prendre, ignorée. Elle honore l'artiste ; donnons place à cette page transcrite par nous sur l'autographe de Charles Blanc.

> C'est au peintre surtout qu'il appartient de traiter, à la plus grande gloire de la statuaire, cette charmante fable de *Galatée*. Les sculpteurs l'ont tenté vainement. Falconet fit au siècle dernier un *Pygmalion* ; mais comment changer en muscles de chair les muscles de marbre? Comment faire qu'un bloc de Paros soit à la fois immobile et palpitant, qu'il

---

[1] Émile Lasalle a également fait une lithographie de ce tableau.

paraisse en même temps dur et froid comme la pierre, ardent et souple comme la vie? Le peintre seul peut nous raconter cette légende des temps héroïques, cette fiction imaginée par les poètes pour nous faire entendre que non seulement l'art est l'image de la vie, mais que la vie est le secret de l'art. J'entends la vie à sa plus haute expression, qui est l'amour.

Un de nos peintres les plus éminents, M. Gigoux, a donc repris ce beau sujet de la *Galatée*, mais non pas dans les tons de feu Girodet qui, là où il fallait précisément peindre le marbre en vie, avait changé la vie en marbre. Au contraire, M. Gigoux, pour rester dans l'art du peintre, même en glorifiant l'art du statuaire, a déployé toutes les richesses du pinceau, toutes les séductions de la couleur. En allant d'une extrémité à l'autre de sa *Galatée*, il a parcouru l'incommensurable distance qui sépare l'inertie de la sensibilité, la substance inanimée de la pensée vigilante, la mort de la vie. On dirait que la belle Néréide vient de sortir du sommeil de la matière. Une coloration d'abord insensible anime son genou aux attaches délicatement enveloppées; les hanches ont tressailli, le sang commence à serpenter dans les veines, la vie monte comme une spirale de feu dans les parties les plus nobles de ce corps aux lignes ondoyantes; elle fait battre la poitrine, enfle le cou, entrouve les lèvres; déjà l'œil est humide et la chevelure a bruni; quelques moments encore, et la statue va descendre avec grâce de son piédestal, pour y laisser monter le statuaire.

C'est vraiment un chef-d'œuvre que cette *Galatée* qui est à la fois une statue et un tableau; car rien n'y manque, ni les grandes lignes que veut la statuaire, ni la morbidesse que demande la peinture; le contour en est suave; la couleur en est fraîche et brillante; l'empâtement y est modéré et passé, comme il convient dans une figure de style. Le modelé qui de loin, — à la hauteur démesurée où l'on a placé au Salon le tableau de M. Gigoux, — le modelé, dis-je, qui de là paraît sommaire, est au contraire très fin et poursuivi *usque ad unguem*. Une chaude draperie, d'un ton brun légèrement mordoré, fait valoir ces belles carnations qu'abandonnera bientôt la chasteté du marbre et qui déjà frémissent des pressentiments de la volupté. Dans l'ombre que projette cette vivante statue, apparaît, ébauchée en quelques coups de pinceau, la figure de Pygmalion; sa main seule sort de l'ombre et s'avance comme pour toucher le marbre et s'assurer du prodige. Ainsi rejetée par un sacrifice habile dans une obscurité mystérieuse, la tête de Pygmalion laisse triompher la figure principale qui seule absorbe tous les rayons du soleil, toute l'attention de nos regards, tout l'intérêt du tableau. Aussi bien, le véritable Pygmalion de cette *Galatée*, c'est le spectateur ou plutôt c'est le peintre, car c'est de lui que l'œuvre du sculpteur a reçu la vie; c'est par lui que la fiction du poète s'est réalisée et que la dernière morsure du ciseau est devenue la première caresse de l'amour.

Il ne faut pas chercher dans les écrits de Charles Blanc une appréciation du portrait du roi Jérôme, mais Boulay de la Meurthe se chargera de nous apprendre ce qu'il pense de cet ouvrage. Une lithographie a été faite d'après la peinture, peut-être par le peintre lui-même, et Boulay de la Meurthe est redevable à Gigoux d'un exemplaire de cette estampe. L'ancien vice-président de la République, appelé à la dignité de sénateur depuis le 27 janvier 1852, écrit à notre artiste, le 27 décembre de la même année :

Monsieur, j'ai été bien agréablement surpris en recevant l'exemplaire de la lithographie qui reproduit le portrait du Roi Jérome. Vous avez parfaitement réussi à rendre à ceux qui lui sont attachés, sa ressemblance, avec son cachet de bonté et de dignité. Vous l'avez fait dans une belle et noble composition, avec le plus riche coloris. Quand le Roi me fit la faveur de me conduire dans votre atelier, pour voir ce portrait, j'étais loin de prévoir qu'une circonstance si précieuse pour moi, mais si fugitive pour vous, me vaudrait de posséder un jour ce même portrait rendu avec une fidélité et un talent très remarquables.

Moins j'y avais de droit et plus je le reçois avec reconnaissance..

Cette lettre adressée à Gigoux « 11, rue de Beaujon, » est le premier indice que nous ayons de son exode de l'Abbaye. Le peintre va prendre pied dans un quartier aristocratique. Désormais il ne quittera plus le voisinage des Champs-Élysées. Ses ressources se sont accrues. Il est indépendant. D'ailleurs, il s'est assuré des appuis parmi les hommes influents du nouveau régime et les commandes ne lui feront pas défaut.

En cette même année 1852, Mme Jouffroy s'adresse à lui pour obtenir le placement d'un tableau que lui a laissé son mari. Jouffroy, le philosophe, Franc-Comtois comme Gigoux, et dont nous avons publié au cours de cette étude une lettre curieuse, est mort en 1842. L'auteur du *Cours d'Esthétique* était trop épris du Beau pour ne pas s'entourer de quelques toiles qu'il estimait de bonne provenance. Au nombre de ces peintures il en était une attribuée à Corrège. C'est au sujet de ce Corrège que la veuve du philosophe écrit à Gigoux qu'elle suppose en mesure de découvrir un acheteur : « Vous savez de quel intérêt ce serait pour mes enfants, écrit-elle, je ne vous en dis pas davantage, je sais l'affection que vous avez pour eux, et le profond souvenir que vous conservez à celui qui a emporté tout mon bonheur dans sa tombe ». Gigoux n'eut pas de peine à découvrir un acquéreur. Il fit entrer le tableau dans sa collection après en avoir versé le prix entre les mains de Mme Jouffroy. L'œuvre est-elle de Corrège ? Ce point est douteux. Mais la peinture est ancienne, elle a quelque valeur : Jouffroy l'a possédée. Notre artiste la conserva dans son atelier jusqu'à sa mort, et, par son testament, Gigoux légua cette œuvre à l'École des Beaux-Arts.

Les *Vendanges* sont achevées. Le peintre expose sa toile au Salon de 1853, avec un premier portrait de la comtesse de Mniszech dont la mère avait épousé Balzac. Ce portrait, un pastel, offert au modèle, a été lithographié par Lasalle. Les *Vendanges*, on le sait, sont destinées au palais du quai d'Orsay, et l'incendie criminel de 1871 aura raison de cette peinture, mais une lithographie de Leroux en a du moins perpétué le souvenir. Au surplus, Gigoux avait gardé l'esquisse de sa composition. Nous l'avons vue dans son atelier.

M. de Persigny, toujours à l'Intérieur, a choisi pour chef du service des Beaux-Arts le comte de Mercey. Celui-ci, ami de notre peintre, obtient sous la date du 18 février 1853 un arrêté aux termes duquel Gigoux est chargé de peindre moyennant 3000 francs un portrait de l'Empereur, destiné à l'ambassade de Constantinople. Cette commande suscite au peintre plus d'un envieux. Séchan, le décorateur, se fait l'écho, sous une forme délicate, des propos qui circulent à l'endroit du nouveau peintre officiel : « Mon cher Gigoux, écrit-il, monsieur Baltard vous a demandé pour moi le prêt d'un aigle que vous possédez, heureux mortel ! »

Graillon, le sculpteur dieppois, dont tout le monde a vu les compositions familières, et de petites dimensions, d'après les gens du port qu'il savait saisir dans leur rudesse et leur naïveté, Graillon médite d'exécuter une statue de l'Empereur ! L'imprudent ! C'est à Gigoux qu'il fait la confidence de ses insuccès et c'est de lui qu'il attend un conseil.

> Monsieur, je me demande quelquefois ce que vous devez penser de moi, car d'après ce que je vous avais dit, lors de votre départ de Dieppe, je devrais être à Paris depuis longtemps. Voici la cause de mon retard. Après avoir terminé ma statue de l'Empereur, je n'ai pu me mettre dans l'idée que je ne ferais pas mieux si j'en recommençais une seconde. Je suis ainsi arrivé jusqu'à quatre dont deux sont cuites. J'espère m'en tenir là, parce que je crois que je tomberais dans l'absurdité si je luttais davantage, je me sens de plus en plus timide sous ce rapport.

Heureuse méfiance, car Graillon n'était par armé pour s'adonner au grand art. Sa lettre est du 17 décembre 1853 ; or, l'année suivante, le 6 septembre, David d'Angers écrivait sur son carnet de notes une page très curieuse au sujet de Graillon. Nous en détacherons quelques lignes. L'ivoirier de Dieppe avait traversé l'atelier de David, puis s'était empressé de retourner dans sa ville natale pour n'en plus sortir. Le jugement de David, sur son élève d'autrefois, fait honneur à l'opinion que Graillon formule sur son propre compte :

> J'ai été visiter le statuaire populaire de Dieppe, Graillon. Sa boutique est située dans la Grande-Rue et contient une grande quantité de ses œuvres, presque toutes de petits

chefs-d'œuvre de naïveté. Les scènes populaires sont exécutées avec une remarquable finesse, une vérité parfaite et une variété toute particulière. Les figures de Graillon, dignes de Teniers, portent le cachet de la misère ; mais les Dieppois n'ont pas l'expression vulgaire et abaissée des misérables de Paris et des grandes villes. J'ai passé des heures entières au milieu de ce peuple rendu à la vie par cet habile homme, devant ses petites filles si sveltes, si gracieuses, d'une grâce qui s'ignore et ne pose pas, interprétée par l'âme impressionnable d'un artiste. Tout est réminiscence chez Graillon ; il fait le portrait d'un être à son insu : c'est ce qui lui fait saisir le fortuit de la nature. C'est un daguerréotype. Il dit qu'il sentirait ses idées brouillées et ne pourrait rien faire si un modèle posait devant lui. Charlet était organisé ainsi. Les hommes d'instinct ont besoin de la plénitude de leur liberté pour produire. Si même ils avaient fait des études sérieuses d'après les grands maîtres, les réminiscenses involontaires seraient venues paralyser leur inspiration et flétrir cette fleur du sentiment qui est la puissante jeunesse d'une imagination demeurée vierge.

Graillon était cordonnier ; il s'est mis à sculpter l'ivoire par instinct et sans la moindre donnée. Plus hardi, il a modelé ; ses ouvrages ont attiré l'attention des baigneurs, non de ses compatriotes. Les compatriotes sont en général peu encourageants pour ceux qui s'élèvent au-dessus d'eux. Malgré l'exaltation fiévreuse qui souvent lui arrache des larmes, comme il l'avoue, sans savoir pourquoi, Graillon porte en lui une raison et un bon sens étonnants. Ainsi que la chose arrive à la plupart des hommes du peuple qui s'élèvent par leur talent, auxquels la tête tourne, je craignais pour Graillon quelque faiblesse en comptant les médailles d'or et d'argent obtenues par lui dans différentes expositions. Heureusement il n'en a pas été ainsi ; le sculpteur de Dieppe a gardé sa blouse populaire, même pour recevoir dans sa boutique Napoléon III lorsqu'il vint lui accrocher la croix. Graillon est resté peuple et n'a pas cherché une société où il se fût senti déplacé. Sa femme l'encourage beaucoup par ses aperçus pleins de fine vérité sur la nature ; elle est, sans le savoir, pour une large part dans ses succès : bonheur trop rarement accordé aux littérateurs et aux artistes. Je crains pourtant que notre artiste ne paye son tribut à la pauvre faiblesse humaine. Sans rivaux, selon moi, dans son genre, pétri par la nature pour cette mission, Graillon a eu la tête montée par la visite impériale et rêve de faire des statues colossales : c'est là son ambition, son côté divaguant. Il descendrait bien vite du piédestal qu'il s'est élevé, s'il abordait la grande sculpture et venait se perdre dans la foule des hommes instruits qui sont demeurés confondus dans la masse. S'il réalisait son projet de devenir sculpteur en grand, il ne pourrait aborder le nu, toute science lui faisant défaut. Voudrait-il grandir à la proportion de la nature humaine ses figures aux expressions si justes, aux mouvements si bien sentis, cela deviendrait épouvantable, et l'absence de dessin sauterait aux yeux. Charlet a tenté quelquefois d'agrandir ses compositions : ce n'était plus de la vie ni de la couleur vraie. Que serait-ce s'il s'agissait d'œuvres sculptées ? Le colossal est réservé à la majesté de l'histoire ; il deviendrait odieux et ridicule s'il devait servir à la représentation des petites misères de la vie humaine, à l'apothéose des haillons de la pauvreté. J'ai exprimé mon opinion à Graillon avec tous les ménagements possibles ; l'aurai-je convaincu ?

David a ses motifs pour être sceptique. Un sage conseil est si rarement écouté. Toutefois la lettre de Graillon adressée à Gigoux témoigne du bon sens de son auteur. Ce n'est pas sans raison que l'ivoirier de Dieppe avait choisi notre peintre pour confident. N'était-il pas redevable de son portrait à Gigoux ?

Blondel, le peintre d'histoire, vient de mourir. Il était membre de l'Institut. Hippolyte Flandrin pose sa candidature. Gigoux n'attendra pas l'élection de son ami pour le féliciter d'une nomination qui ne fait pas doute. Son initiative aimable lui vaudra cette lettre.

> Mon cher Gigoux, je vous remercie des témoignages d'affectueuse estime que vous voulez bien m'exprimer dans votre bonne petite lettre, et des vœux que vous faites pour ma candidature à l'Institut. J'en suis reconnaissant, bien touché, et vous prie de croire à cette réciprocité bien sincère.
> Si par hasard vous aviez un moment de loisir qui vous permit de venir jusqu'à Saint-Vincent-de-Paul visiter mon dernier ouvrage, ça me ferait bien plaisir. J'y travaille encore quelque temps, surtout les après-midi, et si vous pouvez venir je serai bien aise de recevoir vos impressions.

Mouilleron écrit de Bruxelles à notre peintre et lui demande de voir de Mercey au sujet d'une commande qu'il attend du ministère. « Me trouvant en Belgique, il me serait facile et en même temps économique de passer à Amsterdam préparer la planche que je rêve d'exécuter ».

Le lecteur se souvient d'une excursion de Gigoux à Fontainebleau en compagnie de Français, son élève. Français a grandi depuis cette époque. A-t-il la pensée de permettre à l'artiste dont il a pris les leçons de se prononcer sur l'heureux développement de son talent ? Nous pourrions le supposer à la lecture de ce billet :

> Caro Maestro, je vous envoie le dessin de Grandville dont je vous ai parlé, ainsi qu'une étude de paysage que j'ai faite à Fontainebleau en 1837 ; c'est une de mes toutes premières comme vous voyez, et encore tout imprégnée de votre bonne influence.

En vérité, je ne saurais dire si ce sont des autographes que je rapproche ici ou des conversations que je surprends dans l'atelier du peintre. Voici, par exemple, Francisque Michel que je reconnais à la voix, mais j'ai besoin de le dévisager pour être assuré que je ne me trompe pas. Vous connaissez comme moi Francisque Michel, l'archéologue savant et studieux, le correspondant de l'Académie des Inscriptions, l'associé des académies de Turin, de Vienne et de Londres, l'homme du Comité des monuments historiques, de la Société des antiquaires, professeur de littérature étrangère à la Faculté de Bordeaux ? Vous avez lu ou tout au moins consulté quelques-uns des nombreux écrits de ce chercheur infatigable qui s'est assimilé le moyen-âge. C'est bien lui qui traverse le salon de Gigoux. Prêtons l'oreille. Il parle sans doute des croisades, à moins que ce ne soit des races maudites de la France et de l'Espagne, ou encore du pays basque, de sa littérature et de sa musique, toutes choses qui lui sont familières ? Détrompez-vous. J'ai saisi ce que disait le savant à son ami le peintre, et je vous assure que l'entretien n'eut rien d'aride. Francisque Michel a dit textuellement, ou plutôt a écrit car il faut se rendre à l'évidence, c'est bien une lettre que j'ai sous les yeux :

> Prenez une barrique de Margaux, vous en aurez pour un temps infini ; et plus irez, plus il vaudra. Je puis vous en faire envoyer qui soit pur comme votre conscience, ce qui n'est pas commun dans ce temps-ci, où vins et consciences méritent à peu près les mêmes épithètes.

Ces lignes sont datées de Libourne le 6 novembre 1853. Francisque Michel savait être pratique. Il faut l'en féliciter. Quant aux convives de Gigoux, il leur sera doux de penser qu'ils ont savouré du Margaux de bonne marque lorsqu'ils déjeunaient à sa table.

Nadar appelle Gigoux dans ses salons de photographie, fort à la mode en 1854. Sir Henry Bulwer, frère du célèbre romancier, qui, après avoir rempli le poste d'envoyé à la cour de Madrid dans des circonstances mémorables, est alors ministre d'Angleterre aux États-Unis, ne veut pas traverser Paris sans se rendre à l'atelier de notre peintre. Gigoux est absent. Henry Bulwer laisse chez l'artiste quelques lignes des plus flatteuses. Mais le directeur des Beaux-Arts, Mercey, fait plus que d'adresser des compliments à son ami. Grâce à lui, le ministre d'État, Achille Fould, prend, le 20 décembre 1854, un arrêté chargeant Gigoux de peindre un tableau qui aura pour titre la *Veille d'Austerlitz*. Cette commande de 8000 francs sera portée à 10000 par un arrêté du 12 août 1857.

Une date mémorable qu'il convient de retenir lorsqu'on s'occupe de l'art en ce siècle dans notre pays, c'est celle de 1855. Gigoux n'eut garde de se laisser oublier cette année-là. Le second des panneaux destinés au palais de la Cour des Comptes, la *Moisson*, se trouvait achevé. Le peintre l'envoya, en même temps qu'un portrait dessiné, à l'Exposition Universelle. L'incendie de 1871 ayant détruit la peinture murale, il n'est pas sans intérêt d'apprendre de Théophile Gautier ce que la critique pensa de cet ouvrage.

> Il paraît que M. Gigoux ne suit pas sur le calendrier l'ordre et la marche des saisons, car il fait venir la moisson après la vendange ; mais en peinture l'on peut sans inconvénient prendre les ciseaux avant la faucille, et cueillir la grappe avant de scier l'épi. Qu'importe, si la grappe a une couleur d'ambre ou de rubis, si la gerbe est blonde et ressemble à de l'or ? La *Moisson* fait pendant à la *Vendange* exposée au dernier ou à l'avant-dernier Salon. L'artiste, dont les peintures, destinées à orner un monument, ont les dimensions de l'histoire, a transporté la scène aux temps antiques. C'est toujours là qu'il en faut revenir, quoi qu'on dise ou « quoi qu'on die », lorsqu'on veut avoir des nus, des draperies, de nobles formes et d'heureux arrangements. Les Grecs ont fait le plus beau rêve de la vie, et depuis bien des siècles nous retournons leur songe. M. Gigoux, qui n'est point un classique forcené, que nous sachions, s'est bien gardé de faire couper ses blés par des paysans ou des paysannes modernes ; il a mieux aimé employer de belles filles et de beaux jeunes gens vêtus de courtes tuniques, ou même pas vêtus du tout ; il a pu montrer ainsi qu'il savait peindre un torse, ce qui est plus difficile que de peindre un gilet. La *Moisson* est une toile d'une couleur blonde et riche, maintenue dans une gamme de fresque qui fera sur la muraille une heureuse opposition aux tons safranés et vineux de la *Vendange*.

Delacroix ne se montra pas moins enthousiaste que Gautier. Certaines figures de la composition lui paraissaient merveilleuses. Il prononçait le nom de Puget devant plusieurs groupes de cette peinture vigoureuse et châtiée.

Quel avait été le modèle du portrait dessiné que Gigoux exposa en 1855 ? Je ne suppose pas que ce soit Mme Valentine de Lamartine. Cependant, notre peintre ayant tracé de la nièce du poète un profil très fin, très vivant, en 1855, il se peut que ce crayon ait été placé par lui sous le regard du public. Une lettre de Saint-Point, datée du 7 octobre 1855, donne la mesure de la satisfaction du poète de *Jocelyn*, lorsqu'il reçut de Gigoux le précieux portrait. Cette lettre ne contient-elle qu'un remerciement ? Son importance est autre. Lamartine y expose sa doctrine sur la musique chantée. Mme Ristori a eu l'imprudence de vouloir interpréter une composition du poète, mise en musique, et Mme Ristori n'a pas été sans regretter sa tentative. Lamartine qui, déjà, dans le commentaire du *Lac*, s'est expliqué sur la difficulté d'allier la musique à la poésie, reprend sa thèse et la résume en quelques phrases que l'on voudra retenir : « On ne peut noter que des soupirs ! » Ainsi pense Lamartine et peut-être n'a-t-il pas tort.

Pardon mille fois, mon cher Gigoux, de mon long et involontaire silence. Votre lettre ne tombe sous ma main qu'aujourd'hui. Vous savez ce que c'est qu'une table chargée de deux cents lettres qui ne sont déblayées par aucun secrétaire, et où l'on pêche au hasard huit ou dix lettres à répondre par soirée pluvieuse ; car par les soirées de beau temps on chevauche à travers les bruyères et les bois.

Dites à Madame Ristori qu'il ne faut jamais chanter de mauvais vers alexandrins en rimes croisées, ce qui fait que quatre vers n'en font en réalité qu'un seul pour le rythme. Les poètes ont l'haleine trop longue pour les musiciens ; de plus il ne faut jamais chanter en musique autre chose que des sentiments un peu passionnés ou un peu plaintifs ; si je reviens à vingt-cinq ans et que je devienne (ce qui serait probable) amoureux de cette ravissante et sublime personne, alors qu'elle fasse noter mes soupirs, ils auront le mètre et la mélodie de mon cœur, mais à présent, *fi donc!* comme disait Marie-Antoinette.

Faites pour le mieux quant au cadre ; vous avez fait un portrait tout encadré de l'auréole de votre talent. Jamais vous ne fûtes si puissamment et si fidèlement inspiré. Je vous dois une vive reconnaissance, car si je perdais cette nièce qui est une seconde fille pour moi, je ne me consolerais jamais, mais je pleurerais au moins devant votre image.

A mon prochain retour à Paris nous arrangerons tout ce détail ; en attendant soyez fécond en chefs-d'œuvre comme vous l'êtes depuis quelques années, et soyez heureux dans votre retraite qui me rappelle la *Farnésina* à Rome où je passais jadis de belles matinées comme dans votre atelier.

Le Salon de 1857 approchait et Gigoux, selon sa coutume, s'apprêtait à y prendre part avec éclat. Son tableau, la *Veille d'Austerlitz*, allait être achevé. C'était une page importante aux yeux du peintre, aussi ne négligeait-il pas de s'entourer des conseils de ses amis pour mener cette œuvre à bon terme. Au nombre des visiteurs de l'atelier de Gigoux, il se trouva des hommes assez sincères pour émettre un avis dicté par le goût plus encore que par l'attachement. Auguste d'Espinassy doit être compté parmi ceux qui ne craignirent pas d'inviter l'artiste à se surveiller.

Mon cher ami, lui écrit d'Espinassy, marquez ce que je vous dis comme une vérité, — je ne dis pas oracle. Vous avez en ce moment le pouvoir de faire, d'un tableau déjà très beau, un chef-d'œuvre. Le ciel doit être bleu et très foncé, d'un antagonisme complet avec les tons du devant : les torches des soldats ne peuvent influencer qu'à une distance très moindre l'ensemble de l'horizon et de la voûte du ciel : une nuit superbe du mois de décembre avec des étoiles scintillantes au firmament. Vous trouverez d'ailleurs dans ce contraste une opposition admirable pour vos premiers plans. Je trouve les grenadiers un peu trop près de l'Empereur. Sans les diminuer on peut les distancer par le ton. Ils s'acculent sur lui, ce qui était très loin de l'étiquette de l'Empire. Point de mameluck, point de domestique dans ce sujet sublime.

Adieu, mon cher ami. Votre sujet, votre tableau m'ont bien ému.

Gigoux avait trop de bon sens pour ne pas tenir compte des sages observations de son ami. De profondes retouches ajoutèrent au mérite de l'œuvre initiale. L'artiste s'estima satisfait. Il appela dans son atelier les hommes qu'il estimait capables d'apprécier le sujet qu'il venait de traiter, et au premier rang des personnages en vue dont il ambitionna de recevoir l'approbation, figure le baron Larrey, alors chirurgien ordinaire de l'Empereur. La toile parut au Salon et y obtint un succès légitime. Le peintre a représenté Napoléon entrant inopinément dans un bivouac pendant la nuit du 1er décembre 1803. Ses grenadiers l'acclament et improvisent des feux de paille à la baïonnette de leurs fusils, pour éclairer sa marche. Le Gouvernement avait commandé ce tableau. Une demi-promesse avait été faite à Gigoux; il gardait l'espoir de voir sa peinture au Musée de Versailles. M. de Nieuwerkerke en décida autrement après sept années d'hésitation. La *Veille d'Austerlitz* fut déposée par l'État au Musée de Besançon en 1864. Cette œuvre ne fut pas lithographiée.

Un second tableau de notre peintre prit place au Salon de 1857, le *Bon Samaritain*, également acquis par l'État et longtemps exposé au Musée du Luxembourg. Cisneros, qui fut quelque peu Directeur de l'École des Beaux-Arts de la Havane, Cisneros qui, en 1855, prenait congé de Gigoux par ce billet laconique : « Je compte rentrer en France au bout de trois ans; je vais en Italie pour étudier, en Amérique pour gagner de l'argent », Cisneros était de retour en 1857 et s'empressait de graver sur sa pierre le *Bon Samaritain*.

Le portrait en pied de la comtesse de Mniszech, fille de Mme de Balzac, compléta l'envoi de Gigoux à l'exposition. Mouilleron a lithographié cette peinture, et Constant, de son vrai non Éliphas Lévy, a improvisé sur ce portrait un quatrain. Je me trompe, ce n'est pas un quatrain seulement que voulut tracer le poète familier du salon de Mme de Balzac, mais bien trois strophes de quatre vers renfermant chacune un éloge à l'endroit des trois peintures de Gigoux exposées en 1857. La scène est aisée à reconstituer. Constant se trouvait un soir chez la veuve du romancier. Il avait la réputation d'improviser avec talent. Gigoux et Mme de Mniszech étaient présents. On parlait du Salon. La maîtresse du lieu pria Constant de dire en quelques vers l'impression que lui avaient laissée les trois tableaux du peintre. Constant n'était pas en verve. Il s'excusa. La soirée prit fin. On dut se séparer. A peine rentré chez lui le poète se sentit confus. Sa mésaventure l'humiliait. Il prit une plume et ne se coucha point que la lettre qui suit ne fût terminée. Mme de Balzac la reçut le lendemain matin.

Chère Madame, vous avez réclamé hier pour le *Bon Samaritain* de M. Gigoux, un quatrain qui ne s'est pas présenté immédiatement à votre appel. Il n'aura, cependant pas tardé longtemps, car je vous l'envoie ce matin avec deux autres.

A M. GIGOUX

Vous faites adorer à notre œil enchanté
La beauté dont nos cœurs tiendront toujours la trace,
Et la grâce plus belle encor que la beauté,
Et le je ne sais quoi plus charmant que la grâce.

Puis vous faites comprendre à l'esprit étonné
L'enthousiasme ardent créateur de victoire,
De lumière et d'amour le héros couronné,
Et la foi plus durable encore que la gloire.

Enfin vous unissez à jamais ici-bas
Par un sublime accord que le ciel vous envie,
La charité puissante au-delà du trépas
Et la couleur vivante au-delà de la vie.

Ne trouvez-vous pas, Madame, que je suis un improvisateur heureux à peu de frais quand j'emprunte tout bonnement à La Fontaine son plus beau vers pour l'attacher au cadre du portrait de Madame Anna ? La Fontaine m'en saurait gré s'il vivait encore : car cet emprunt consacré à un pareil usage ressemble tout à fait à une restitution.
Ce n'est pas sans intention que je vous adresse les quatrains destinés à notre grand maître. C'est un petit bouquet sans valeur par lui-même qui, offert par vos belles et nobles mains, aura tout le prix d'une couronne.
Vous voyez, madame, ce que c'est que de gâter les poètes et les enfants, ils deviennent insupportables.
Mille bonnes et affectueuses choses à toute la sainte et spirituelle famille.

Pendant que ces propos flatteurs s'échangeaient entre gens d'esprit à son sujet, notre peintre courait au Père-Lachaise, le lundi 29 juin, où l'avaient convoqué les sculpteurs Toussaint et Soitoux pour assister à la pose solennelle de la *Couronne de bronze* qui décore le tombeau de David d'Angers. La veuve du statuaire écrivit au peintre à cette occasion :

C'est je vous l'assure une grande consolation pour mes enfants et pour moi de savoir que si M. David est si oublié et si négligé dans son propre pays, il demeure présent dans le souvenir de tous ceux qui ne se croient pas dégagés par la mort de l'amitié qu'ils lui ont portée.

Vers le même temps, Gigoux donnait ses soins à une composition dessinée, promise au comte Horace de Viel-Castel, son ami, désireux de voir l'une de ses poésies accompagnée d'un croquis du peintre. Delacroix qui vient de prendre gîte rue de Furstenberg, — où la mort qui déjà le guette va l'atteindre, — s'excuse d'avoir manqué la visite de son ami et lui assigne deux rendez-vous, à son choix, tant il a hâte de le voir. Clésinger termine le buste du général Dumas et se propose d'achever sous deux jours celui d'Alexandre Dumas, mais il ne sera certain d'avoir bien fait que si le peintre veut bien venir donner son approbation à « ses deux Dumas ». Mme la comtesse de Charnacé habite dans le voisinage de Gigoux. Nous sommes en septembre 1858. Un événement se prépare au Théâtre-Français. Jules Lacroix a traduit littéralement *Œdipe Roi* de Sophocle et la scène française, dédaignant les adaptations de Ducis, va placer sous les yeux de nos contemporains un spectacle grec. On se dispute les coupons de loge. Gigoux a la bonne fortune de se procurer un de ces précieux billets qu'il offre à Mme de Charnacé. Elle assiste à la représentation du 18 septembre qui est un triomphe. Le lendemain, le peintre recevra ce billet :

Je ne veux pas commencer ma journée sans vous remercier, cher maître et cher voisin, de la délicieuse soirée que vous nous avez fait passer au Théâtre-Français. Tout ce que je puis vous en dire, c'est que pendant cette touchante solennité (car pour moi ce n'est rien moins) je n'ai pas dit un mot, et je pleurais comme à nul mélodrame je n'ai pleuré. C'est plus qu'une belle œuvre, c'est un bienfait public qu'une pareille traduction. (Je n'en puis apprécier les mérites en détail.) Il me semble que nous devrions tous apprendre à cette école à nous respecter nous-mêmes, à respecter notre prochain, et à n'avoir jamais que des rapports conformes à la dignité humaine.

Le peintre n'exposa qu'une toile au Salon de 1859. Elle a pour sujet : *Une arrestation sous la Terreur*. Une tante de Mme de Balzac, la princesse Lubomirska, venue à Paris au moment le plus aigu de la Révolution, n'avait pas vécu dix-huit jours avant d'être dénoncée, poursuivie, condamnée et exécutée en dépit de sa jeunesse, de sa beauté, de son innocence et de sa nationalité. Telle fut l'idée première du tableau que le peintre conserva depuis dans son atelier, et dont il n'existe pas de lithographie. L'œuvre eut peu de succès au Salon, mais. Mme de Balzac, comtesse Éveline de Hanska, sut gré à l'artiste d'avoir fixé sur la toile un souvenir de famille qui lui était cher.

Avant même que le Salon n'eût fermé ses portes, l'armée française était en Lombardie. La guerre improvisée, rapide et en fin de compte heureuse, que la France avait déclarée à l'Autriche ne laissait personne indifférent. Le chef d'escadron d'état-major E. Lamy, très lié avec Gigoux, lui relatait avec enthousiasme les premiers succès de nos troupes. Les peintres Yvon et Meissonier avaient accompagné l'Empereur. Gigoux eut l'ambition de les rejoindre. C'est dans ce but qu'il écrivit le 29 juin au baron Larrey devenu chirurgien en chef de l'armée :

Mon cher Larrey,

J'ai été bien en peine de vous pour le danger que vous avez couru.
Enfin, Dieu nous a gardé un ami, et surtout à l'armée qui ne s'en plaindra pas.
Maintenant j'ai le plus vif désir de marcher sur vos traces et d'attacher mon nom aux grandes choses qui se font.
Je mettrais autant d'énergie à les peindre que ces braves gens en mettent à se battre.
Je suis dans un moment de ma vie où je suis maître de mon art, et je ne crois pas que personne ferait mieux.
Ne pourriez-vous pas mettre sous les yeux de l'Empereur cet immense désir de représenter un des épisodes de cette guerre de géants ?
Si j'étais assez heureux pour que l'Empereur m'appelât, je ne resterais pas deux heures à Paris. Car, au train dont va l'Empereur, je pourrais bien arriver quand tout serait terminé.
Je vous serre bien affectueusement la main et j'espère que Dieu continuera à vous protéger.

Votre plus ancien ami,

Jean Gigoux.

Cette lettre parvint à son destinataire, mais Gigoux s'y était pris trop tard. La bataille de Solférino, qui l'avait déterminé à se mettre sur les rangs, devait être la dernière de la campagne. La suspension d'armes signée à Valeggio le 8 juillet fut suivie trois jours plus tard de la paix de Villafranca, et nos troupes rentrèrent en France. Notre peintre perdit ainsi l'occasion de représenter *de visu* le choc de deux armées.

Mais Gigoux est un heureux. S'il lui est interdit de passer les Alpes avec ses pinceaux, le baron Haussmann, préfet de la Seine, le dédommage en lui confiant par arrêtés des 11 et 18 octobre 1859, moyennant 20.000 fr., la décoration de « la seconde travée à gauche de l'église Saint-Gervais [1] ».

Au début de l'année suivante, notre peintre fut doublement frappé dans ses affections les plus chères. Il perdit coup sur coup sa mère et sa sœur. Ses nombreux amis s'associèrent à son deuil. De toutes parts, il reçut des témoignages d'affection, des marques de condoléance auxquels il se montra sensible. C'est lorsque l'homme est dans la douleur qu'il peut juger de l'estime désintéressée de ceux qui l'entourent. Le succès, la renommée, la fortune ont leurs courtisans. Le malheur n'a que des fidèles. Au nombre de ceux-ci, Gigoux compta d'illustres correspondants, mais aucun ne sut égaler, dans l'expression juste de sa tristesse, Pouillet, le célèbre physicien, membre de l'Académie des Sciences depuis plus de vingt ans. Nous ne résistons pas au désir de placer sous les yeux de notre lecteur la lettre que Pouillet fit parvenir au peintre sous la date du 22 mars 1860 :

> Cher monsieur Gigoux,
>
> Nous prenons une part bien sincère à votre affliction ; nous savons combien vous étiez bon fils et bon frère et quelle grande place ces affections de famille tenaient dans votre excellent cœur. Voilà, coup sur coup, deux séparations bien cruelles pour vous, deux pertes bien irréparables, une sœur et une mère que vous aviez appris à aimer en apprenant à respirer. Vous avez du moins la consolation de penser que vous avez réussi à répandre sur leur vie une sérénité sans nuage ; combien n'ont-elles pas été heureuses de vos travaux, de vos succès, de votre réputation si bien acquise et par des voies si droites ! Ce sentiment allège les peines. Quand nous perdons ceux qui nous sont chers, et qu'en repassant notre vie nous n'y trouvons rien qui puisse affliger leur tendresse, nous avons l'âme plus forte et plus tranquille, nous en conservons un souvenir où les regrets ne sont point mêlés de remords ou d'amertume, et par avance, nous nous réjouissons du moment où nous irons les retrouver.
>
> Vous êtes jeune, plein d'ardeur et d'avenir ; ces chères images vous occuperont longtemps et vous soutiendront dans vos rudes labeurs. C'est encore pour elles et pour votre pays que vous ferez de belles choses.
>
> Recevez, bien cher compatriote, la nouvelle expression de mes sentiments très affectueux.

Nous savions que l'auteur des *Éléments de physique expérimentale*

---

[1] Cette commande fut ratifiée par un troisième arrêté émanant du ministre d'État et pris à la date du 12 avril 1860. La décoration de la chapelle Saint-Laurent dans l'église de Saint-Gervais fut payée par l'État jusqu'à concurrence de 13.400 fr. et par la Préfecture de la Seine pour 6.600 fr.

était non-seulement un savant, mais aussi un écrivain de race. La lettre qui précède témoigne de l'élévation de son cœur.

Raffet, l'auteur de la *Revue des ombres*, meurt à Gênes le 18 février 1860 ; Champin, aquarelliste et lithographe, le suit dans la tombe à sept jours de date. Tous deux ont à peine cinquante-six ans. Dauzats s'émeut de cette mortalité. Il s'ouvre à Gigoux de la tristesse qui l'obsède et termine sa lettre par ces lignes : « Il faut que les anciens serrent les rangs, car la mort n'épargne pas nos pauvres confrères depuis quelques jours ».

Au cours de l'été, notre peintre invite à sa table quelques amis parmi lesquels Corot et Decamps. Celui-ci s'excuse. Il part pour Fontainebleau où il doit prendre part à une chasse à courre. Hélas ! son cheval s'emporte dans la forêt. Une branche de chêne lui barre le chemin et le charmant peintre est précipité sur le sol, la poitrine défoncée. Comme nous froissions entre nos doigts le billet de Decamps déclinant l'invitation de son ami, Jean Gigoux se laissa bercer par le flot des souvenirs et nous parla du peintre des *Cavaliers turcs* et de la *Défaite des Cimbres* en ces termes :

Pendant un certain nombre d'années, Decamps et moi nous nous sommes peu fréquentés : nos demeures respectives étaient fort distantes. Mais, si notre intimité ne date pas de la première heure, elle n'en fut pas moins étroite. Decamps a été au premier chef un peintre de talent et un esprit sincère. Sa droiture, son ambition légitime de bien faire l'ont détourné de sa voie vers la fin de sa vie. Un jour que je me trouvais à Rome, dans un restaurant où se réunissaient les artistes français à l'heure du repas, Decamps entra. Il pouvait être midi. Notre ami nous raconta qu'il avait employé sa matinée à étudier Raphaël dans ses grandes œuvres et qu'il avouait à sa honte n'avoir rien compris ! Il paraissait exténué et soucieux. Ce qu'il disait était profondément vrai. Raphaël ne pouvait être son guide. Decamps est le peintre des *Singes* et des natures mortes. Le grand art, les sujets héroïques vers lesquels il s'est orienté pendant les quinze dernières années de sa vie ne sont pas son élément. Il fait effort et perd toute grâce dans ses compositions bibliques. Pourquoi s'est-il préoccupé de Raphaël, si ce n'était pour lui rendre hommage comme à un maître dont la langue devait lui rester étrangère ? A la vente de Decamps, son renom de peintre de genre et d'orientaliste justement établi a donné le change sur certains de ses ouvrages qui n'étaient pas les meilleurs. C'est ainsi que le *Champ de blé*, paysage biblique, a pu trouver acquéreur à 40.000 francs ; mais, ne nous y trompons pas, Decamps, le vrai Decamps n'est pas dans des pages de cet ordre.

Travailleur opiniâtre dès son extrême jeunesse, Decamps, sous le rapport de la ténacité, peut être comparé à Troyon. Lorsqu'il eut conquis les premières faveurs du public, il resta modeste, simple dans ses goûts, et son atelier n'était guère qu'une mansarde au n° 109 de la rue du Faubourg-Saint-Denis. Un jour, le duc d'Orléans eut la pensée de le venir voir. Le prince, que personne n'accompagnait, se présente chez le concierge du peintre et demande à quel étage il doit monter. Le concierge, tailleur de son état, achevait un pantalon. — « Montez, dit-il au prince, jusqu'aux combles, et vous trouverez

M. Decamps à son atelier. Par la même occasion, portez-lui cela. C'est un pantalon qu'il attend. Vous m'épargnerez de monter moi-même ». Ce disant, notre homme jetait sur le bras du duc d'Orléans le pantalon destiné à l'artiste. Le duc, trop grand seigneur pour se plaindre du procédé, garda le vêtement qu'on lui confiait avec tant de sans-façon et se présenta chez Decamps qu'il ne connaissait pas, muni de l'objet attendu. On rit beaucoup de l'aventure.

Fromentin s'est montré sévère à l'endroit de Decamps. Il lui reproche d'avoir ignoré la justesse des tons. Ce reproche n'est fondé que si l'on observe les toiles du peintre exécutées pendant les quinze dernières années de sa vie. Mais Decamps, antérieurement à cette période, avait régné vingt ans dans son domaine. A la vérité, les succès de Decamps ne furent pas exempts de surprises et d'improvisations parfois audacieuses. De méthode, de règle comme coloriste, il n'en a pas. Delacroix est plus réfléchi, plus arrêté. De même, Granet. Un procédé mathématique permet à Granet d'atteindre avec certitude à des effets de couleur et de lumière toujours appréciés. Decamps n'a pas à son usage des principes aussi nets. Il s'était formé seul par l'étude des tableaux de Delacroix. Il les recherchait avidement à mesure qu'ils étaient visibles, et, selon ses forces, il s'appropriait ce qu'il découvrait chez le maître de son choix. Était-il plagiaire? Que nenni ? Sa façon de peindre lui était personnelle. Les tableaux de son bon temps sont nombreux. Ils se font remarquer par les ombres, les noirs, par les diverses parties de la composition souvent négligées des peintres en renom et que lui, Decamps, sait traiter avec un charme exquis et une poésie parfois très élevée. Avec lui, pas de choses vulgaires qui n'aient un aspect séduisant. C'est à ce soin du détail que Decamps est redevable de sa rapide fortune auprès du public. Ses tableaux étaient sans prétention et, de loin comme de près, ils produisaient un charmant effet. Les accessoires, trop dédaignés, avaient sous son pinceau leur accent de vérité, de réalisme sans exagération. Il aimait les *Singes*. Ceux-ci jouaient du violon, ceux-là jouaient aux connaisseurs. Le public applaudissait à ces inventions familières. Plus tard, les colorations chaudes et parfois violentes qu'il avait rapportées d'Orient achevèrent d'asseoir la réputation de Decamps en détrônant les Bertin, les Bidault, paysagistes de convention.

Tel fut le peintre mort prématurément d'une chute de cheval comme était mort Géricault. Le sujet de ses tableaux est peu de chose. Decamps, à vrai dire, n'y songe pas. Il cherche des tons et il les trouve, mais le moindre prétexte lui suffit pour faire un tableau d'un effet saisissant. A-t-il vu l'étal d'un boucher? Il s'en empare et le transporte sur sa toile avec des cuivres polis, luisants, qu'il traite en maître et dont l'éclat se projette sur toute sa toile. Decamps est l'homme du morceau toujours achevé par un peintre patient, habile, doué de goût et d'un rare coup d'œil. Sous ce rapport Decamps est de la famille de Rembrandt.

Je ne voudrais pas que l'on se méprît sur ma pensée. Decamps n'était pas incapable d'atteindre au style et de donner parfois l'impression d'une grande scène sur des toiles de proportions réduites. Telle sa *Bataille des Cimbres*. Ici, le paysage est immense, les vastes espaces brûlés par le soleil sont peuplés de combattants que l'œil renonce à dénombrer. Or, ce qui ajoute au mérite de pareilles œuvres, c'est qu'elles furent produites par un homme qui allait à l'encontre des renommées établies. Decamps était un novateur et les novateurs sont toujours des isolés, c'est-à-dire des hommes en péril. Il leur faut une volonté robuste, une foi sans faiblesse dans leur valeur personnelle pour ne pas fléchir sous les sarcasmes de la critique et du public pendant les premières heures, et qui peut dire la durée de ces heures de lutte ?

Ainsi s'exprima Gigoux sur Decamps au sujet de trois lignes de son ami fortuitement découvertes par nous dans ses papiers. Il est curieux de rapprocher ces paroles de la biographie du peintre de la *Bataille des Cimbres,* écrite par lui-même en 1854 à la demande du docteur Véron. Decamps avait quelques motifs de se bien connaître ; or, toute réserve faite sur la forme du récit, Decamps et Gigoux tiennent à peu de chose près le même langage. Les hésitations du début signalées par Gigoux lorsqu'il nous parlait de son ami, la sincérité dans l'audace qui font de Decamps un artiste personnel et vraiment original, se trouvent consignées par la plume de l'artiste essayant de dire avec bonne foi ce qu'il avait espéré, voulu et accompli.

Le 30 juillet 1860, Gigoux qui venait de terminer le portrait lithographié du prince Jérôme, eut la pensée d'offrir deux exemplaires de sa composition au ministre de l'Instruction publique et des Cultes. C'était alors M. Rouland. Il s'empressa d'écrire à notre peintre : « Je placerai l'une de ces estampes dans mon cabinet de travail où elle me rappellera à la fois votre talent et votre aimable attention ».

Mais voici que le peintre Hersent, membre de l'Académie des Beaux-Arts depuis 1822, vient de mourir. Gigoux songe à se porter candidat. Nous avons sous les yeux sa lettre de candidature. Elle est brève, digne et de bonne allure. L'artiste, dans ses *Souvenirs,* en fait honneur à Couder. Je ne serais pas surpris que Charles Blanc en fût l'auteur. Voici cette pièce :

Paris, 9 novembre 1860.

Messieurs,

Les encouragements qu'ont bien voulu me donner plusieurs d'entre vous m'enhardissent à me mettre sur les rangs des candidats à la place vacante maintenant à l'Institut.
Voici les titres qui pourraient, je crois, me recommander à votre bienveillance :
La mort de Léonard de Vinci (Musée de Besançon).
Le portrait de Ch. Fourrier, en pied.
Le martyre de Sainte Agathe (Musée de Lyon).
Le corps du Christ veillé par les anges (appartient au Gouvernement).
La Cléopâtre (Musée du Luxembourg).
La veille d'Austerlitz (appartient au Gouvernement).
Le bon Samaritain (appartient au Gouvernement).
Quatre tableaux de dix-huit pieds pour l'église de Saint-Gervais.
Je connais trop le prix du temps pour essayer d'arrêter plus longtemps votre attention avec le détail plus circonstancié de mes travaux.
Je me hâte donc, Messieurs, de vous offrir l'hommage de la haute et respectueuse considération avec laquelle j'ai l'honneur d'être votre très humble et très obéissant serviteur.

Les candidats étaient au nombre de quatorze! Cabanel, Gérome, Signol, Auguste Hesse, Larivière, Meissonier, Yvon, Lehmann, Rougé, Court, Hébert, Cornu, Isabey, Muller se trouvèrent en présence le 24 novembre, jour de l'élection. La lutte fut promptement circonscrite entre Signol et Meissonier. Le scrutin donna lieu à un long ballottage et Signol fut élus.

Le soir même de l'élection, Hippolyte Flandrin s'empresse d'écrire à Gigoux pour lui exprimer le regret qu'il éprouvait de l'échec d'un ami: « Je partage bien vivement votre chagrin et voudrais pouvoir le modérer; mais cet espoir légitime fondé et cependant déçu est bien cruel. Bientôt j'irai vous voir. — A vous de cœur ». La visite annoncée ne se fit pas attendre. Flandrin était allé voir la chapelle de l'église Saint-Gervais dans laquelle notre artiste avait représenté la *Fuite en Égypte*, le *Repos en Égypte*, la *Mise au tombeau* et la *Résurrection*. Son désir eût été de féliciter Gigoux. Celui-ci était absent. Le peintre de Saint-Vincent-de-Paul lui laissa ce billet : « H^{te} Flandrin regrette de ne pas trouver son cher confrère pour lui dire combien de charmantes qualités il admire dans sa peinture. Il aura le plaisir de revenir ».

Gigoux, retenu par sa décoration de Saint-Gervais, n'avait pu préparer de grandes œuvres pour le Salon de 1861. Il exposa toutefois une *Tête de Sarrasin* qui a été lithographiée, et le portrait en pied du comte Georges de Mniszech, qu'il offrit au modèle. Il n'en existe pas de lithographie. La *Tête de Sarrasin* resta la propriété de l'artiste jusqu'à sa mort. C'est une étude vigoureuse qui lui fait honneur.

Les relations du peintre se révèlent à nous chaque jour plus nombreuses et plus distinguées. C'est Paul Chenavard qui le

---

[1] L'éditeur des *Souvenirs* parus en 1885 laisse dire à Gigoux : « Pradier, Ingres, David d'Angers, Couder et plusieurs autres m'engageaient à me présenter à l'Institut. Comme j'avais de la peine à m'y décider, Couder écrivit lui-même ma lettre et me dit de la porter au secrétaire perpétuel qui était alors Halévy ». Présentées sous cette forme, les instances des amis de Gigoux paraissent avoir coïncidé avec l'initiative de Couder. On croirait ces amis réunis à la table du peintre au moment où Couder prend la plume. Or, Pradier était mort depuis 1852, David d'Angers depuis 1856, et la lettre de candidature de Gigoux est de 1860! Le candidat se rend chez Halévy. Le secrétaire perpétuel possède un exemplaire du buste d'Auber par Pradier. La conversation s'engage sur le mérite de cette œuvre. Les deux interlocuteurs tombent d'accord : le buste d'Auber est un superbe ouvrage. Mais Gigoux raconte à Halévy l'anecdote suivante : « Pendant que Pradier travaillait à ce buste,

remercie d'une lettre affectueuse reçue au lendemain d'une maladie grave : « Français à qui je viens de la lire en est aussi touché que je le suis moi-même ». C'est His de la Salle que Gigoux a rencontré par hasard. L'amateur s'est fait connaître. Le peintre a voulu lui être agréable. Deux lithographies, gracieusement offertes, lui vaudront la lettre qui suit :

> Monsieur, grâce à votre beau présent, ma collection de lithographies va être moins incomplète, et votre nom, Monsieur, plus dignement représenté. Je n'ai jamais vu l'illustre peintre qui a posé pour vous, et je ne connaissais pas le superbe portrait que vous avez eu la bonté de m'envoyer ; mais je retrouve sur le visage qui est là sous mes yeux tout ce que j'ai entendu dire de la grande pénétration et de la supériorité d'esprit du baron Gérard. Quant au portrait de femme, il est plein de dignité et de charme : la belle lithographie de M. Mouilleron me fait vivement regretter de n'avoir pas vu la peinture originale.
>
> Je vais sortir pour aller vous remercier, Monsieur, de vous être souvenu de l'amateur qui a eu la bonne fortune de vous rencontrer chez un marchand d'estampes. Si, par malheur, je ne vous trouve pas chez vous, ce billet, du moins, vous dira toute ma reconnaissance.

Le botaniste Jean-Charles-Marie Grenier, compatriote de Gigoux, est décoré en 1861. L'artiste le félicite et le savant de répondre à l'artiste :

> Pontarlier, le 4 septembre 1861.
>
> Merci, mille fois merci, mon vieil ami, de ton bon souvenir et de ta cordiale lettre. Je reçois tes félicitations avec d'autant plus de plaisir que je connais leur sincérité et qu'en vieux Bisontin, comme moi, tu trouves toujours un vif plaisir à tout ce qui peut arriver d'heureux et d'agréable à tes vieux amis franc-comtois.
>
> Ta lettre est venue me trouver entre deux herborisations sur nos âpres montagnes. Pour moi, c'est toujours plaisir et bonheur que de gravir nos hauts sommets, de voir lever ou coucher le soleil du haut d'un pic qui domine les ravines, de contempler les premiers ou les derniers rayons du jour, puis de redescendre pour chercher le frugal repas du chalet et pour lit le foin embaumé de la montagne...

Le sculpteur Jean Petit se déclare son obligé pour un monunument dont il lui devra la commande. Antoine Etex qui est à Rome écrit le 18 novembre 1862 à son ami :

> en se donnant beaucoup de peine, il me dit plusieurs fois : « Je ne suis pas content, mon buste n'est pas ressemblant. — Il ne le sera jamais, lui dis-je, si vous continuez ainsi. Auber, malgré ses quatre-vingts ans a une coquetterie dont vous ne viendrez pas à bout. Faites-le résolument avec toutes les aspérités de sa figure ». Arrêtons-nous. L'éditeur de 1885 laisse échapper à Gigoux une naïveté. Le buste d'Auber fut sculpté en 1845. Auber, à cette date, n'avait que 63 ans et non pas 80. C'est à croire que le petit volume publié sous le nom de Gigoux n'a pas été relu avant l'impression. La mémoire du peintre n'était pas précise, il s'en faut, quant aux dates. On peut regretter que personne auprès de lui n'ait pris la peine de rectifier ses assertions inexactes.

> Mon cher Gigoux, votre bonne et bienveillante lettre est venue me trouver à Rome, où je suis campé comme lorsque j'y fus élève en 1830. L'énergie ne me manque pas ; néanmoins, souvent je me sens découragé et dans les grandes crises, j'appelle à moi le secours des choses supérieures. Avec grand plaisir je m'occuperai du projet fort respectable et pour moi très sympathique du brave Boubée. Veuillez dire à sa veuve qu'elle n'a qu'à m'écrire une confession bien franche de ses sentiments et aussi de ses désirs pour honorer la mémoire de son mari. C'est d'après ses sentiments exprimés, c'est à la suite d'échange d'idées que par correspondance l'on peut fort bien faire. De Rome où je suis pour deux ou trois mois, je puis très bien correspondre avec cette dame. Si cela se pouvait, je tiendrais assez à lui rapporter la composition de Rome. Pour l'exécution nous verrions ensuite.
>
> Dans tous les cas, mes respects à cette dame, et pour vous, mon cher ami, ma reconnaissance de votre bon souvenir.

Le vicomte Delaborde n'a pas eu l'occasion de voir les peintures murales de Saint-Gervais avant le début de l'année 1863. Ce retard involontaire ne le dispense pas à ses propres yeux de faire savoir à Gigoux ce qu'il pense de son ouvrage.

> Au moment où votre chapelle a été découverte, il ne m'a pas été possible de la voir, comme vous aviez bien voulu m'y autoriser, mais, je me suis dédommagé depuis lors et je tiens beaucoup à vous remercier, pour ma part, des résultats de votre travail. Je ne crois pas que vous ayez jusqu'ici rien fait de mieux, d'aussi bien même, sous le rapport de l'invention énergique et du style, que la *Mise au tombeau* et la *Résurrection*. Je vous dis cela, Monsieur, bien en hâte, bien succinctement, mais je prie Ch. Blanc de vous répéter à ce propos ce que je lui ai dit à lui-même...

Voilà qui est surprenant. Le Salon de 1863 vient d'ouvrir et Gigoux n'a pas exposé. Mais Léopold Flameng a gravé la *Source*. Son burin fait l'admiration des délicats. Notre peintre a sans doute félicité le graveur qui lui répond : « Mon cher maître, je n'ai eu qu'à me souvenir de vos précieuses leçons pour faire cette gravure ».

C'est pendant la durée du Salon de 1863 que Gigoux reçut un jour la visite d'une dame de charité, accompagnée d'une jeune fille. C'était un dimanche. Le soleil, dans tout son éclat, se jouait à travers les arbres du jardin de l'artiste. Lui-même était assis sous un berceau de feuillage lorsque l'étrangère et sa compagne se firent annoncer. L'étrangère! Quelle expression peu convenable si je l'applique à la noble visiteuse de notre peintre! Qui donc ne la connaissait à Paris ? Qui donc ne l'avait applaudie, saluée, acclamée pendant plus de vingt ans? Elle s'appelait la comtesse Gilbert de Voisins. Ce nom ne vous dit rien? La comtesse de Voisins était née Taglioni. Les ballets de *Guillaume Tell*, de *Flore et Zéphire*, de la *Sylphide* lui avaient acquis une renommée sans égale. S'étant retirée de la scène en 1847, Taglioni habitait alternativement Venise, le lac de Côme ou Paris. La jeune fille qu'elle avait amenée avec elle chez Gigoux demeura tout d'abord silencieuse. Elle laissa la comtesse de Voisins exposer le but de sa démarche. Il s'agissait des pauvres des faubourgs. Le peintre, dès le premier mot, s'empressa de remettre son offrande à la noble quêteuse, puis la conversation s'engagea sur les illustrations de l'heure présente. Telle est, en effet, la tendance habituelle des artistes : ils ne parlent volontiers que des sommets. Pendant ce temps, la jeune compagne de Mme de Voisins s'était discrètement éloignée. Elle allait, d'un pas léger, d'une corbeille à l'autre, s'arrêtant devant les espaliers ou sous le cèdre légendaire, ornement du jardin de Gigoux. Tout à coup, elle reparut. Svelte en sa marche comme une gazelle, elle enveloppa de ses deux mains le front de son amie et colla ses lèvres sur son oreille.

— Je le crois bien, chère enfant, M. Gigoux te le permet, dit en souriant Mme de Voisins. N'est-ce pas, maître, vous autorisez Emma Livry à cueillir quelques fleurs dans vos carrés ?

— Emma Livry ! s'écria le peintre. Quoi, c'est vous, mademoiselle, et je ne m'en suis pas douté ! Suis-je assez aveugle ! Oui, certes, ces fleurs, toutes ces fleurs sont à vous et je vais en faire une gerbe pour vous l'offrir.

Ce disant, il se leva. Mais Emma Livry, plus prompte qu'un oiseau, s'était déjà enfuie et, avant que le peintre eût fait quatre pas, elle revenait avec sa discrète moisson de roses blanches qu'elle remit à Taglioni. Celle-ci, prenant la plus belle, la voulut fixer à la boutonnière de Gigoux, puis les deux visiteuses quittèrent l'artiste en emportant la cueillette de la danseuse.

Quelques semaines plus tard, le 27 juillet, Emma Livry mourait carbonisée. La flamme de la rampe était venue lécher sa robe de gaze pendant une répétition de la *Muette*, sur la scène de l'Opéra. Ce fut une explosion de regrets dans tout Paris, et Gigoux, le cœur gonflé de larmes, se souvenant de l'apparition fortuite de cette enfant dans son jardin et de ses préférences pour les roses blanches, suivit, pâle et muet, le funèbre cortège de la jeune fille, dont il avait couvert le blanc linceul des roses qu'elles n'avait pas cueillies.

Vous vous souvenez des lignes lapidaires de Théophile Gautier sur l'aimable enfant, la femme respectée de tous : « Elle ressemblait trop au papillon ; ainsi que lui, elle a brûlé ses ailes à la flamme, et comme s'ils voulaient escorter le convoi d'une sœur, deux papillons blancs n'ont cessé de voltiger au-dessus du blanc cercueil pendant le trajet de l'église au cimetière. Ce détail où la Grèce eût vu un poétique symbole, a été remarqué par des milliers de personnes, car une foule immense accompagnait le char funèbre ».

Hélas! hélas! combien est ingrate et imparfaite notre tâche d'historien quand nous essayons de reconstituer le passé sur des documents. L'homme n'a quelque adresse pour bien raconter que dans la mesure où lui-même a pu voir ce qu'il raconte. Or, en ces années déjà lointaines où Gigoux recevait familièrement Mme de Voisins et Emma Livry rue Beaujon, nous n'avions pas l'honneur de le connaître, et les lignes sommaires consacrées ici à son jardin sont insuffisantes. Par bonheur, Édouard Fournier et Desault viennent à notre aide. Ces heureux témoins de choses disparues murmurent à notre oreille mainte particularité qu'il convient de retenir. Oh! les belles confidences dont nous sommes redevables à ces écrivains pleins de grâce. Je veux redire fidèlement ce qu'ils m'ont appris :

En 1863, c'est Fournier qui parle, un enfant perdu de la Syrie, un exilé de la célèbre montagne du Liban qui, depuis cent-vingt-six ans, s'était fait une patrie d'un petit coin de terre parisienne, un admirable cèdre était menacé de périr. Je dois vous dire d'abord, pour que vous ne soyez pas trop effrayé, que ce cèdre n'était pas celui du Jardin des Plantes, mais son frère jumeau. Où se trouvait-il ? Dans un charmant jardin d'artiste du quartier Beaujon. Mais pourquoi s'y trouvait-il plutôt qu'ailleurs, tandis que c'est le Jardin des Plantes qui, si loin de là, possède encore l'autre ? Dans la première moitié du règne de Louis XV, en 1734, la France ne possédait pas encore un seul cèdre. L'Angleterre, plus heureuse, en voyait plusieurs croître dans ses jardins et s'en montrait on ne peut plus fière.

Bernard de Jussieu, qui était alors sous-démonstrateur des plantes au Jardin du Roi, jura que nos pépinières n'auraient pas longtemps à envier sur ce point les pépinières anglaises ; et il tint parole. C'est à l'Angleterre même qu'il alla dérober l'arbre tant convoité par nous et soigneusement gardé par elle. Il en obtint, je ne sais comment, deux pauvres pieds bien chétifs, qu'on ne lui donna peut-être que parce qu'on pensait qu'ils ne pourraient pas vivre. Ne sachant où loger sa conquête, c'est-à-dire où la cacher, car il l'emportait un peu comme un voleur, Bernard de Jussieu se servit de son chapeau pour y mettre en bonne terre les deux brins de verdure qui devaient être plus tard deux arbres géants. J'ai longtemps douté de ce détail. Le chapeau devenu pot de fleur, le tricorne porte-cèdre me semblait un peu légendaire, mais Condorcet m'ayant confirmé le fait dans un *Éloge* de Jussieu, où tout est vérité, je n'ai plus hésité à croire. La légende ne parle que d'un cèdre, mais Condorcet dit expressément que Bernard en a rapporté deux : l'un qui a si bien grandi près du labyrinthe du Jardin des Plantes ; l'autre dont nous vous parlerons tout à l'heure.

Quand il fut de retour au Jardin du Roi, Bernard y chercha bien vite un coin de la meilleure terre pour y faire sa plantation. C'est près de la butte dont on a fait le labyrinthe qu'il trouva ce coin béni. Le sol en était excellent. Bernard savait que, pendant des siècles, le Montfaucon du Paris de la rive gauche s'était trouvé là et que le monticule ou « copeau » du labyrinthe avait même été formé par ces amas d'immondices qui sont pour la terre un si merveilleux engrais. Celui de ses deux cèdres qu'il y planta devait certainement pousser là on ne peut mieux. En effet, Bernard de Jussieu eut le bonheur de le voir croître comme par magie. Lorsqu'il mourut, quarante-trois ans après, en 1777, « il pouvait admirer, dit Condorcet, la cime de son arbre chéri qui dominait les plus grands arbres ».

Bien loin de là, sur un point tout opposé de la grande ville, entre l'église, alors très humble chapelle, de Saint-Philippe-du-Roule et l'avenue des Champs-Élysées, existait alors la « Pépinière du Roi », « où l'on élevoit, dit un livre du temps, des fleurs, des arbustes, des arbres, pour en fournir aux Tuileries, à Versailles et autres maisons royales ». Ce fut là que Bernard de Jussieu vint planter le second de ses cèdres. Il poussa aussi bien que l'autre, car le terrain n'était pas là moins excellent qu'au Jardin du Roi. Malheureusement, peu de temps après, la pépinière dut changer de place. On la transplanta, c'est bien le mot ici, de l'autre côté du faubourg du Roule, au-delà du grand égout, sur un espace, longé bientôt par une rue nouvelle, qui, aujourd'hui encore, s'appelle, pour cette raison, rue de la « Pépinière ».

La partie des terrains qu'on trouvait en montant vers l'Étoile et dont on n'avait pas disposé pour de nouvelles rues, fut acheté par Beaujon, et la coquette solitude, qu'il avait osé parer de l'austère nom de la « Chartreuse », y étala ses mille fantaisies. C'est de ce côté-là que se trouvait le cèdre. Qu'était-il devenu, après la suppression de la « Pépinière », et lorsqu'on lui eut enlevé le voisinage des arbustes et des fleurs au milieu desquels il avait grandi ? D'abord, comme tout le reste, il fut sérieusement menacé. Mais on le trouva si beau qu'on le garda. Que voulait-on d'ailleurs créer dans ce quartier ? Des lieux de plaisir, des lieux enchantés. C'était le rêve du comte d'Artois, c'était aussi le rêve de Beaujon, qui était venu, après lui, semer des millions sur ce terrain pour qu'il en sortît des merveilles et où il ne poussa que des folies. Notre admirable cèdre ne pouvait rien déparer ; il eût orné le plus beau jardin du monde. On le laissa donc vivre pour orner celui-ci. Mais voilà qu'on se prend un jour ici, comme partout, de la rage de bâtir. Le jardin devient un quartier. C'en est donc fait du cèdre ! Un prince en eut pitié, un financier l'a épargné ; un maçon va-t-il donc le jeter par terre ? Pas encore. On lui laisse un petit coin, tout au plus assez grand pour contenir son ombrage, mais il y est toujours en compagnie excellente. Une jolie maison d'artiste lui fait cadre. L'hôte, un peintre célèbre, un homme d'esprit, M. Gigoux, fait les honneurs du logis et de son arbre avec une grâce charmante. On va voir le cèdre, on l'admire comme il convient ; on le déclare plus beau que son frère de la rive gauche, qui n'a plus depuis longtemps sa flèche et né s'étend que de côté, tandis que lui n'a rien perdu de son élévation ni de son ampleur.

Le cèdre, M. de Lamartine vous l'a dit, qui est un arbre pensant, ne laisse pas que d'être fier et heureux de tout cela. Mais rien de stable, hélas ! pour les arbres comme pour les hommes. Les plus solides sur leurs pieds ou sur leurs bases peuvent tomber. De nouvelles menaces commencent à gronder. Le terrain où il enfonce si joyeusement et si profondément ses racines va changer encore une fois de face. On parle d'un boulevard qui le traversera de part en part. Les alignements sont pris et si le pauvre cèdre n'a pas le bonheur d'être, comme la tour Saint-Jacques, un peu en dehors de l'impitoyable ligne tracée, il tombera; il est tombé. Un moment on espéra qu'il serait conservé sur les ruines de son dernier jardin, pour servir de parure à quelque joli square placé à l'angle de la rue Balzac et du boulevard Beaujon. Le souvenir du grand romancier qui pare cette rue de son nom, après l'avoir, sur la fin de sa vie, honorée de sa présence, se fût illustré de cet ombrage et s'en fût réjoui. C'eût été charmant de voir le cèdre de Gigoux au milieu du square Balzac. Rien de tout cela n'a été pris en considération. L'alignement, qui n'eut jamais le moindre penchant sentimental, est passé avec son niveau, et le cèdre a été emporté, comme le reste. A Londres, on l'eût respecté, mais à Paris, où pour la moindre fantaisie de bâtisse, l'arbre le plus rare et le plus beau ne compte pas plus qu'un échalas ou qu'un pieu, on l'a sans pitié jeté par terre.

L'hôte vénérable du jardin de Gigoux nous est connu. Le cèdre qui l'abrite aux heures de repos, de bonne causerie, se dessine dans sa stature majestueuse sous nos yeux ravis. Mais le décor de cette maison d'artiste, rasée depuis comme une habitation maudite où quelque crime aurait été perpétré, alors qu'il ne fut jamais parlé que de chefs-d'œuvre en ce lieu privilégié, ses hôtes, leurs habitudes, leur délectation quotidienne qui donc les fera revivre d'une plume aisée, rapide, lumineuse? Desault s'est chargé de ce soin.

Arrêtons-nous, une dernière fois peut-être, au pied du jardin en terrasse où Gigoux a construit son atelier. Qui sait si le maître est encore là pour nous recevoir ? Oui, certes, il y est, car voilà le chien Loulou, le fidèle Loulou, assis gravement comme un sphinx et couronnant la grille d'entrée. Du haut de son observatoire, Loulou domine tout le quartier Beaujon. Il aperçoit le désordre précurseur d'un ordre nouveau : les alignements bizarres, les déblais, les démolitions et les terrassements qui, de toutes parts, menacent et enserrent de plus près l'atelier... La grille s'ouvre et nous voilà sous la tonnelle, ombragée de vignes, qui forme l'escalier pittoresque de l'habitation. Rien n'est changé encore. A gauche, à l'entrée, dans la grotte obscure, voici l'antique petit enfant qu'on ne peut rêver plus gracieux, mais qu'on pourrait souhaiter mieux élevé ; puis à la sortie, voici deux statues de la cathédrale de Strasbourg : la vierge sage et la vierge folle. Quelle est la sage ? Quelle est la folle ?... Sans nous annoncer à l'artiste et en attendant qu'il sorte spontanément du sanctuaire, nous nous reposerons sous le cèdre majestueux... Combien de jolies villas d'habitation s'élèvent sur l'emplacement des jardins Beaujon ? Ce quartier plaisait aux étrangers, aux artistes et aux dilettantes. M. d'Orsay l'habita quelque temps, M. de Nieuwerkerke y venait travailler ; Lola Montès y vécut légitimement mariée; le duc de Brunswick y a enfoui ses trésors, mais son étrange et mystérieuse habitation touche à ses derniers moments. Déjà ont disparu, remplacés par la chaussée du boulevard : les ateliers de Dantan, son belvédère aux quatre vents, sa Pallas Athéné enveloppée de vignes vierges, son jardinet dessiné, planté de ses mains et tout parfumé de sculptures et de surprises, comme les jardins de Pompéï; le petit hôtel de Mme la comtesse d'Agoult, construction de brique, originale et gaie, où le peintre Jacquand avait révélé un rare talent d'architecte ; et bien d'autres agréables retraites. La petite ville de Beaujon, aujourd'hui complètement détruite, ne comptait pas vingt ans.

Cependant, voici qu'une parcelle du domaine du financier est devenue le jardin de l'artiste. Le cèdre, cette fois, s'est trouvé en bonne compagnie. Il a vécu d'une vie digne de lui. Sous son ombrage hospitalier florissaient la paix et le travail, l'inspiration et les belles pensées et l'on voyait à ses pieds les ennemis naturels réconciliés se livrer à des jeux familiers et à de familières causeries : le chien avec le chat, l'enfant avec l'oiseau, le musicien avec le peintre, l'homme de lettres avec l'homme de lettres. Où les promeneurs habituels du petit jardin suspendu, Troyon, Berge, Chenavard, Français, Baron, Mouilleron, tous les amis et les élèves de Gigoux retrouveront-ils les gais propos aux heures de loisir ? Nous ne verrons plus croître le blé d'Égypte, recueilli auprès d'une momie et cultivé avec tant de soins par le propriétaire de ces aimables lieux. Nous ne cueillerons plus la rose et la pervenche ou la grappe vermeille. Nous n'irons plus sous le vestibule toucher du doigt les naseaux frémissants des coursiers de Phidias, dont la seule vue émeut jusqu'aux larmes Charles Blanc, le critique athénien. Et puissions-nous retrouver ailleurs ce rare exemplaire de la Vénus de Milo, moulé sur l'original, pour le baron Gérard, et qui va, lui aussi, voyager au péril de ses jours ; nous ne viendrons plus, le dimanche, feuilleter la collection inépuisable de gravures et de dessins recueillis depuis des années par Gigoux ! Nous n'aurons plus de beaux concerts improvisés dans ces vastes ateliers, que regrettera longtemps le maître, et que regretteront encore plus les élèves qui ont reçu de lui conseils et appui !

Ainsi s'est exprimé l'auteur de *Paris qui s'en va*, lorsqu'il s'occupa du quartier Beaujon, aéré par le préfet de la Seine au détriment de tous les souvenirs. La ligne droite est, dit-on, le plus court chemin ! Eh ! qu'importe la route abrégée si ses bords n'ont plus rien qui m'arrête ! L'homme n'est pas fait pour courir à perdre haleine. Il a besoin de penser. Quelles réflexions, je le demande, naîtront jamais dans l'esprit du passant qui sans cesse côtoie des façades uniformes et banales ? Musset n'a-t-il pas dit de la voie rectiligne par excellence :

> Tout est bien balayé sur vos chemins de fer :
> Tout est grand, tout est beau, mais on meurt dans votre air !

Je ne puis passer dans le quartier Beaujon sans lever instinctivement les yeux comme si j'avais quelque chance encore d'apercevoir la flèche de l'arbre centenaire planté par Jussieu, le cèdre de Gigoux.

La dernière lettre d'ami que l'artiste ait reçue dans sa poétique habitation de la rue Beaujon fut celle d'Alfred de Vigny. Elle porte la date du dimanche 16 août, et Vigny allait mourir le mois suivant. Cette lettre toute délicate et enjouée nous est un indice de la vivacité d'esprit du poète d'*Éloa* jusqu'aux derniers jours de sa vie :

> Si vous êtes à Paris, par hasard, mon ami, venez je vous prie me voir demain lundi à 5 heures, pour 5 minutes. J'ai à vous donner quelque chose pour l'offrir à une personne

qui vous est chère et qui sait apprécier ce qui émane de votre pinceau et de votre rare talent.

Votre ami bien souffrant encore.

Comment interpréter ces lignes? Vigny se sentait mourir. Il eut, nous le supposons, la pensée de restituer à Gigoux un ouvrage, sans doute un portrait que l'artiste lui avait offert. Quel était ce portrait?

Notre peintre sans demeure alla se réfugier en 1864 rue de l'Oratoire-du-Roule, n° 30. C'est là qu'il reçut, le 7 mars 1864, la lettre suivante :

Cher ami,

Je prends la liberté de vous recommander un nommé Bürger, que vous ne connaissez pas, et pour vous faire faire connaissance avec lui, je vous envoie un de ses petits livres. Il en a publié une demi-douzaine comme ça. Si j'en avais des exemplaires, je vous en enverrais, notamment ses *Musées de la Hollande,* qui ont du bon à l'endroit de Rembrandt et des autres maîtres, si naïfs et si spirituels, si honnêtes gens, du XVIIe siècle hollandais.

Je charge mon jeune Duseigneur de vous porter ce témoignage de la vieille affection du vieux critique

T. THORÉ.

Nous ne pouvons dire quel est l'écrit de Thoré dont il est question ici. S'agit-il des *Trésors d'art exposés à Manchester,* des *Peintres hollandais et flamands* ou du *Musée d'Anvers?* Ces divers ouvrages du critique sont de dates antérieures à 1864. « Le jeune Duseigneur », fils du statuaire, que nous avons connu il y a tantôt vingt ans chez Paul Lacroix, aurait pu nous renseigner. Mais la question n'était pas de si grande importance qu'il convînt de la poser.

Peu de jours avant que Thoré offrît à son ami l'un de ses ouvrages, le 2 mars, Alaux, le peintre dont M. Eugène Guillaume s'est fait l'historien, succombait. Alaux était membre de l'Académie. Gigoux eut le désir de se présenter une seconde fois aux suffrages des membres de l'Institut. Mais notre peintre y mit trop de lenteur. Il laissa passer la date réglementaire, et Beulé, successeur d'Halévy dans la charge de secrétaire perpétuel, dut l'avertir du motif qui empêchait l'Académie de l'inscrire au nombre des candidats en présence. Beulé se montra d'ailleurs très courtois dans la lettre qu'il fit parvenir à l'artiste :

Monsieur, j'ai le regret de vous annoncer que votre lettre de candidature, pour la place de M. Alaux, est arrivée trop tard à l'Académie pour qu'elle pût lui être utilement communiquée. Elle a été écrite, en effet, après le 16 avril, terme annoncé dans les journaux, et au-delà duquel, d'après notre nouveau règlement, toute candidature qui se produit doit être considérée comme non avenue.

Quelque considération qu'elle ait pour votre talent, Monsieur, l'Académie ne pouvait qu'obéir à son règlement; et elle en regrette d'autant plus la rigueur qu'il s'applique à vous. Tels sont les sentiments que la compagnie me charge de vous exprimer et auxquels je m'associe vivement.

Le scrutin eut lieu le 30 avril et Lehmann fut élu. Le mécompte, cette fois, ne pouvait être douloureux. Gigoux ne s'en prit qu'à lui-même d'une négligence qui l'avait fait exclure avant le vote. Au surplus, son activité, son entourage, ses succès, occupaient ses heures. Notre peintre n'avait pas le loisir de songer longtemps à une déconvenue. Puis la mort poursuit son œuvre. Elle est la pourvoyeuse des vivants. Elle décime la forêt, et les chênes qu'elle abat permettent aux voyageurs de se frayer leur route. Lehmann avait pris la place d'Alaux à l'Institut. Quel sera le successeur de Flandrin soudainement frappé dans la ville des peintres et des croyants, le 21 mars 1864? Gigoux, cette fois, ne désespère pas d'être élu. Les écrits autorisés, dont ses peintures de Saint-Gervais sont l'objet en France et à l'étranger, le mettent en lumière.

Vous me laisserez vous dire un mot très court, trop court même, écrit Jubinal dans l'*Indépendance belge*, sur un fort beau travail que M. Gigoux vient de mettre à fin dans l'église paroissiale de Saint-Gervais. Il y a là, comme épisode de la *Fuite en Égypte*, deux tableaux, le *Départ* et le *Repos*, qui sont véritablement de grandes œuvres, pleines de style, de cachet, de caractère. La *Mise au tombeau* et la *Résurrection* qui les surmontent ne sont pas moins remarquables. Elles sont d'une grande noblesse de style et d'une exécution irréprochable. La lumière qui éclaire la *Résurrection* surtout, éclatante et presque surnaturelle, éblouit les yeux du spectateur, comme fait au théâtre la lumière électrique, et elle étreint le cœur d'une émotion pleine de respect et, pour ainsi dire, de terreur. Selon moi, ces quatre grandes pages murales font grand honneur à M. Gigoux.

Charles Blanc, plus précis, plus pénétrant que ne sut l'être Jubinal dans la critique d'art, publia une très importante étude sur le peintre de Saint-Gervais. Gigoux était son ami, mais, disons-le bien vite, c'est d'une plume impartiale que voulut user le critique dans la circonstance. On en peut juger par ces lignes où se trouve résumée la vie de notre peintre, de 1830 à 1864 :

Le succès de M. Gigoux nous a fait un sensible plaisir, d'autant plus sensible que l'auteur a eu dans sa vie des moments de défaillance, et qu'il a retrouvé son chemin après s'être pendant quelque temps égaré, ce qui est extrêmement rare. Ayant eu de bonne heure un atelier d'élèves, il a cherché des formules d'enseignement, il a fait le tour de toutes les méthodes; il a peint tantôt au soleil, tantôt à la lampe, tantôt à la lumière diffuse. Il a consumé des années précieuses dans les inquiétudes de son art, toujours en quête du mieux, toujours marchant à la découverte des secrets intimes de la nature, toujours tourmenté par l'ambition d'atteindre à ce but final : exprimer sur une surface plane le relief des corps, la présence de l'air, le charme de la perspective, et, pour tout dire en un mot, discerner les plans. Avant de s'occuper du style, M. Gigoux s'est préoccupé de la vie, et cette recherche des phénomènes naturels l'a mené tellement loin qu'il en a perdu pour un temps le sentiment même de la vérité, qu'il avait d'abord si juste et si vif. Certains maîtres ont exercé sur lui des influences diverses, dont les résultats ne valaient pas à beaucoup près ceux qu'il avait obtenus dans la naïveté de sa jeunesse et ceux qu'il ressaisit aujourd'hui dans la force de l'expérience de l'âge mûr. Ses admirations lui ont fait aimer successivement le réalisme de Guerchin, la précision métallique d'Albert Dürer, l'accentuation positive et nette de Géricault, la poétique vaguesse de Prud'hon, et, ainsi balloté par ses impressions changeantes, M. Gigoux a passé plusieurs années à inquiéter ses amis et à s'inquiéter lui-même. Et cependant, lui seul a été temporairement la victime de ses tourments et de ses doutes, car les artistes sortis de son atelier ont tous marqué leur place et, à différents degrés, ont tous acquis une réputation brillante : Clésinger dans la sculpture, Français, Baron, Faustin Besson dans la peinture, Mouilleron dans la lithographie, Maxime Lalanne dans le dessin et la gravure à l'eau-forte, et bien d'autres, sans parler de ceux qui sont établis et connus à l'étranger, tels que M. Cisneros, directeur de l'Académie, à la Havane. C'est vers 1849, quand il peignit la *Cléopâtre* qui est au Musée du Luxembourg, que M. Gigoux retrouva tout à coup sa voie. Triomphant enfin de ses incertitudes il s'est fait depuis une manière de plus en plus large et sûre, ajoutant à son ancienne vigueur la gravité, la sagesse, la tenue.

Où l'ami se décèle, chez Charles Blanc, c'est dans deux phrases adroitement amenées et que l'auteur n'a pas écrites sans songer à la candidature de Gigoux : « Avec les qualités qu'il possédait, M. Gigoux eut dès le commencement ce singulier bonheur qu'il obtint l'admiration des romantiques et l'estime des académiciens, lesquels, malgré ses allures d'indépendance et son *naturalisme,* lui savaient gré de connaître son métier à fond ». A l'appui de son dire, l'écrivain cite le baron Regnault et le baron Gérard qui témoignèrent à Gigoux une estime profonde dès ses débuts. Le souvenir était, en 1864, de toute opportunité. La péroraison de Charles Blanc est plus explicite encore que les lignes rappelées ici. On y sent comme une invitation discrète au pardon si le candidat en cause a pu déplaire par ses œuvres passées : « Heureux le peintre qui, après s'être égaré à la recherche des trésors de la nature, rentre dans son art par de telles œuvres! Celui-là, on doit l'accueillir comme le prodigue de l'Écriture, en lui faisant fête, plus encore qu'au peintre prudent et modéré, qui a toujours suivi la règle et n'a jamais transgressé les sages commandements des académies ».

De pareilles exhortations étaient faites pour fléchir les esprits, mais encore fallait-il qu'elles parvinssent à leur adresse. Les académiciens liraient-ils cet appel ému de Charles Blanc? Notre peintre n'osait trop l'espérer, aussi ne négligea-t-il point de se ménager des intelligences dans la place? Il intéressa Baltard à sa cause. Victor Baltard, architecte de l'église de Saint-Gervais, était membre de l'Académie depuis une année. Jouffroy, le statuaire, fut pressenti et se montra bien disposé. Longpérier, de l'Académie des Inscriptions, se mit en campagne. C'était l'homme de tous les salons. Il ne resta pas inactif, et, pour être plus éloquent sur le compte de son ami, Longpérier voulut se pénétrer à nouveau du mérite des peintures de Saint-Gervais. Il écrit à Gigoux le 4 avril :

> Il y a quelques jours, une affaire du Musée m'appelant dans le quartier de l'Hôtel-de-Ville, je suis allé revoir encore votre chapelle, et cela me donne le droit de vous féliciter de nouveau.
> Votre vieil ami bien dévoué.

Meissonier, averti par notre peintre des démarches qui l'occupent, lui écrit de Poissy :

> Cher confrère,
> J'espérais pouvoir aujourd'hui aller à Saint-Gervais voir vos peintures, vous serrer la main et vous remercier de votre aimable lettre. Mais j'ai un fils qui depuis six semaines est bien malade et me donne des inquiétudes. Il souffre plus aujourd'hui et je ne veux pas quitter ma maison. Veuillez m'excuser et soyez bien persuadé que la première chose que je ferai à Paris, aussitôt que j'irai, sera la visite à vos peintures que j'ai le regret de ne pouvoir faire aujourd'hui.

Les semaines s'écoulent. Nous sommes au samedi 21 mai, jour où l'Académie va procéder au classement définitif des candidats au fauteuil de Flandrin. Notre peintre reçoit de Léon Cogniet le billet ci-après :

> Monsieur, cher confrère,
> Bien que je n'aie pu hier me rendre à votre invitation, veuillez être persuadé que je n'irai pas aujourd'hui déposer mon vote avant d'avoir vu votre œuvre avec tout l'intérêt que je sais qu'elle mérite.
> Je vous serre la main.

Le vote définitif eut lieu le 28 mai. Il était écrit que Gigoux ne serait pas de l'Institut. Ce fut Muller qui l'emporta.

Notre peintre eut un instant le droit d'espérer la médaille d'honneur au Salon de 1864 où il n'avait exposé qu'un dessin, *Portrait de M{ile} Marie de K...*, mais les peintures exécutées dans les monuments publics donnaient droit à l'obtention des récompenses. La chapelle de Saint-Gervais valut à Gigoux d'être présenté par plusieurs de ses confrères pour la médaille d'honneur, mais la section de peinture ne parvint pas à se mettre d'accord sur un nom, et il n'y eut de médaille d'honneur que chez les sculpteurs. Encore est-ce un artiste décédé, Jean-Louis Brian, auteur d'un *Mercure* inachevé, qui bénéficia de cette distinction recherchée.

Il ne paraît pas que ces échecs successifs aient assombri l'humeur de Gigoux. Il garde son caractère égal. Ses travaux, ses collections, ses amis le consolent des mécomptes. Le 30 juin 1864, Nieuwerkerke le remercie de dessins dont il a bien voulu le gratifier. Le 26 novembre de la même année, Gigoux offre le portrait de Galilée à l'Observatoire impérial. Jubinal, l'auteur d'un article sur les peintures de Saint-Gervais dont nous venons de parler, réclame le paiement de sa prose. Il est vrai que l'écrivain ne se montre pas exigeant : « Ma femme vous prie de ne pas l'oublier. Ce qu'elle veut surtout, c'est... votre *signature*, non pour mettre au bas : *Bon pour 100.000 fr.*, mais pour la mettre dans son *album* ». Gigoux, certainement, ne se fit pas prier pour déférer au désir de son ami.

Notre peintre prit part au Salon de 1865 avec le portrait en pied de M. Lefèvre-Duruflé, sénateur, ancien ministre. Cette peinture, qui appartient à la famille du modèle, n'a pas été lithographiée. Je ne serais pas surpris que Saint-Victor en eût fait la critique en bons termes, car je découvre la preuve de son intimité avec Gigoux en 1864. Mme de Balzac et sa fille avaient eu le projet de réunir à leur table le peintre et le critique. Celui-ci s'excuse par ces lignes :

> Mon cher Gigoux,
>
> Veuillez présenter et faire agréer mes excuses à ces dames. Il m'est impossible d'accepter pour vendredi leur gracieuse invitation. C'est le jour de mon feuilleton de théâtre et je n'ai pas même la ressource de le faire d'avance, car le reste de ma semaine est pris par le Salon.

Patrois, un peintre modeste et de grand talent que les fervents de Jeanne d'Arc n'ont pas le droit d'oublier, donne rendez-vous à

Gigoux chez le Surintendant afin de causer à l'aise avec son confrère qu'il voit trop rarement. Camille Doucet, élu en 1865 à l'Académie française en remplacement de Vigny, se préoccupe de l'*Éloge* qu'il devra prononcer et il écrit :

Palais des Tuileries, le 20 septembre 1865.

Mon cher monsieur Gigoux,

Au moment où je prépare mes armes pour faire l'éloge de notre illustre ami, Alfred de Vigny, je ne puis oublier que, si j'eus l'honneur de le connaître, vous eûtes, vous, le bonheur d'être aimé de lui et de vivre dans son intimité.

Si vous connaissez quelque anecdote de sa vie ou quelque circonstance particulière qui puisse être rapportée à sa louange, veuillez m'en faire part. J'en userai et n'en abuserai pas.

Je suis charmé, en tout cas, de faire cette démarche et d'avoir ainsi l'occasion de me rappeler à votre bon souvenir.

Mille affectueux compliments.

Camille Doucet.

Souvenirs pleins d'attraits. Les deux candidats en présence pour le fauteuil d'Alfred de Vigny furent Jules Janin et Camille Doucet. Jules Janin échoua, mais il prit sa revanche et, en novembre 1871, le critique des *Débats* était reçu à l'Académie. Le confrère chargé de lui répondre fut précisément Camille Doucet. Je ne puis dire si Gigoux donna beaucoup de détails inédits sur de Vigny au poète du *Fruit défendu,* mais je sais bien que Camille Doucet aurait trouvé plus d'un trait charmant dans le discours de Jules Janin prononcé en 1865 « à la porte de l'Académie ». L'exquise boutade ! Les gens graves de l'époque ne manquaient pas de dire sur un ton d'augure au sujet de ce discours : « Jules Janin a brûlé ses vaisseaux ! » C'est sans doute que les vaisseaux étaient vieux et bons à brûler, mais un homme d'esprit n'est pas en peine de renouveler sa flotte. Et ce discours plein de bonhomie, de finesse, de sourires, où pas un mot ne sent le reproche, pas une phrase le dépit, pas une pensée l'amertume, ce discours présumé fut, sinon le meilleur titre de Jules Janin aux suffrages des académiciens, un argument décisif aux yeux d'une assemblée qui se pique d'être un salon et doit tenir au recrutement des hommes de bonne compagnie. Camille Doucet, je l'accorde, ne pouvait emprunter à Jules Janin ses mots charmants sur de Vigny, mais je me persuade qu'il regretta de n'être pas libre d'agir à son gré. Il était homme de cœur et homme d'esprit. Il eût aimé à dédommager le vaincu en montrant ses armes toutes brillantes et solides sous une apparence de simple coquetterie. Nous avons vu de Vigny écrivant à Gigoux quelques jours avant de mourir. Il priait le peintre d'aller à lui. Soyez sûr que l'artiste s'empressa de courir vers son ami. Et Jules Janin a pris soin de nous dire quel spectacle s'offrit au regard de Gigoux lorsqu'il pénétra chez le poète agonisant.

Il est resté là, sous nos yeux, et je le vois encore, tel qu'il était, vivant et souffrant, patient et souriant, tel que j'eus l'honneur de le saluer, trois jours avant sa mort. Je lui fus conduit par son fils adoptif ; il nous attendait sur son lit de repos ; il s'était enveloppé dans son manteau militaire, et sa noble tête, où toutes les douleurs étaient empreintes, faisait face au portrait de Regnard, peint par Largillière. Il était parent de l'auteur des *Folies amoureuses*. Contraste inattendu, ces deux cousins : Regnard, dont le rire a dépassé le rire même de Molière, et c'était trop ; Alfred de Vigny, l'auteur des *Consultations du Docteur noir* ! Cependant, à l'entendre, à le voir, on n'eût pas dit qu'il allait mourir. Il parlait, en les regrettant, de ses belles années ; il nous rappelait les grandes batailles ; enfin, — le dirai-je ? — il se souvenait, non pas sans quelque amertume, des cruautés d'un grand seigneur qui lui avait gâté, disait-il, un des plus bons moments de sa vie. A la fin, il nous congédia, espérant bien (c'est lui qui parle) qu'il serait remplacé par le compagnon et le témoin de tous ses labeurs... Je ne l'ai plus revu. Il est mort comme il a vécu, dans un orgueil silencieux.

Gigoux exposa au Salon de 1866 la *Poésie du Midi*. C'est une figure nue. Au Salon de 1867 parut la *Première Rêverie*, figure drapée symbolisant, dans la pensée de l'auteur, la poésie du Nord. Ces deux œuvres n'ont pas été lithographiées. La *Rêverie* entra dans la collection d'une nièce de Mme de Balzac. La *Poésie du Midi*, réexposée au Champ-de-Mars, en 1867, à l'Exposition universelle, en même temps que la *Veille d'Austerlitz*, fut acquise par l'État. Le comte de Nieuwerkerke écrivit à Gigoux, le 2 novembre 1867, pour savoir de lui s'il consentirait à se dessaisir de sa toile au prix de 3.000 fr. L'artiste accepta ces conditions et le ministre sanctionna l'acquisition par un arrêté du 11 novembre. C'est au sujet de la *Poésie* que Lehmann écrivait :

> Mon cher Gigoux,
>
> J'ai trouvé hier au soir, en rentrant, une lettre qui m'annonce pour ce matin et sans fixer l'heure, une visite qu'il m'importe de ne pas manquer. Je viens donc vous prier de

m'excuser et de croire à mes véritables regrets ainsi qu'au plaisir que j'aurai de voir au Salon cette grande œuvre dont j'ai tant entendu parler. Je vous écris de mon lit. Excusez les fautes de l'auteur.

 Mille compliments.

Charles Blanc, dans son étude sur l'Exposition universelle, fit l'éloge de la peinture « souple, onctueuse et tendre dont Gigoux avait fait preuve en représentant la *Poésie du Midi* sous les traits d'une jeune femme qui s'est réfugiée dans la solitude où un rayon de soleil l'a poursuivie ».

Quel billet, quel présent mérite à notre artiste ces lignes de Sainte-Beuve, datées du 3 avril 1867 ? « Merci, mon cher ami, de la bonne poignée de main, les années n'y font rien : on se retrouve les mêmes à trente ans de distance quand on a du cœur. A vous ».

Ce n'est pas un remerciement, c'est une demande que M. Charles Yriarte adresse au collectionneur : « J'écris un gros volume avec planches sur le peintre Goya et j'essaie de dresser le catalogue de son œuvre. On m'assure que vous possédez un tableau de cet artiste, voulez-vous me faire l'amitié de m'en envoyer le sujet et la dimension ? »

Le peintre ne prit pas part aux Salons de 1868 et de 1869. Un cruel événement marqua pour lui le 30 avril 1869, jour où les artistes aiment à se retrouver au palais des Champs-Élysées, la veille de l'ouverture de l'exposition. Ce jour-là, Théophile Thoré, ou si vous l'aimez mieux, William Bürger succombait. Gigoux perdait en lui un ami de la première heure, un critique courageux qui s'était plu à ouvrir le chemin aux novateurs de 1830, à Théodore Rousseau tout spécialement.

<small>Dans les derniers temps de sa maladie, a écrit Marius Chaumelin, lorsqu'on eût dû renoncer à le porter jusqu'à son cabinet, Bürger avait demandé que l'on accrochât une superbe peinture de Rembrandt, un *Temps d'orage*, au pied de son lit, au-dessous d'une magnifique *Lisière de forêt*, de Théodore Rousseau. Il avait voulu avoir sous les yeux, jusqu'au dernier moment, les deux maîtres qu'il avait le plus aimés : Théodore Rousseau, avec qui il avait passé les vaillantes années de sa jeunesse, combattant les mêmes combats, souffrant les mêmes douleurs, jouissant des mêmes triomphes ; Rembrandt, dont il avait fait le compagnon inséparable de son âge mûr ; Rembrandt, dans l'intimité duquel nul n'a jamais pénétré aussi avant que lui, que nul n'a si bien compris, si intelligemment admiré.</small>

Le même écrivain raconte les dernières heures du critique. Laissons-lui la parole :

> Nous étions sept personnes, sept amis groupés autour du lit du mourant. Le cœur brisé, nous contemplions cette face honnête qui gardait jusqu'à la fin une imposante sérénité, ce front large dont la pâleur faisait bien ressortir la puissante structure. Comprenant que tout allait bientôt finir, nous épiions, nous convoitions un dernier regard de cet œil ami, nous cherchions à recueillir un dernier serrement de cette main loyale. Hélas ! il n'était déjà plus avec nous.

Au nombre des sept personnes que Chaumelin néglige de nommer, Gigoux avait pris place depuis plusieurs jours. Il voulut être, dans l'acception la plus large, le consolateur de son ami.

Une seule toile, la *Mort de sainte Marie-Madeleine*, fut exposée par l'artiste en 1870. Cette œuvre n'a pas été lithographiée. Notre peintre avait accompli un nouvel exode. Il demeurait au numéro 30 de la rue Billault. L'année suivante, il aura pris possession du charmant hôtel de la rue de Chateaubriand, numéro 17, où il a passé le reste de sa vie.

Cette demeure est connue. Nous en avons dit la richesse, l'originalité, le désordre attachant. A l'extérieur, au rez-de-chaussée, les baies enguirlandées de plantes grimpantes ; les niches en plein cintre, ornées de statues et alternant au premier étage avec les larges fenêtres surmontées d'archivoltes, les bustes, le fronton de l'étage supérieur où pénètre la lumière par une verrière centrale éclairant l'atelier; le jardin discret, planté d'arbres dans lesquels chantent en paix une nuée d'oiseaux, tout révèle la maison d'un penseur, d'un artiste, d'un homme recueilli et laborieux.

Le seuil hospitalier de l'hôtel de Gigoux ne cessa d'être franchi jusqu'au dernier jour par ses nombreux amis, mais il semble qu'il y ait un abîme entre les années qui précédèrent 1870 et celles qui suivirent cette date mémorable. Les amis d'autrefois, les contemporains de Gigoux, ceux qui l'avaient connu et applaudi en sa riante jeunesse, ne vinrent pas à la rue de Chateaubriand. Un grand nombre avaient disparu et les autres allaient mourir. Je ne sais plus quel philosophe a fait cette remarque très juste : il y a deux sortes de demeures, celles où l'on entre et celles d'où l'on sort. Les demeures où l'on entre sont les habitations où l'on porte ses vingt ans, ses espérances, ses enthousiasmes. Les autres sont celles où l'on se plaît aux souvenirs. L'homme qui se souvient a déjà vécu ; la mort le guette ; il va sortir pour ne plus rentrer. Le premier des amis de notre peintre qui ne fit qu'apparaître à la rue de Chateaubriand, ce fut Couder.

Je l'ai connu tard, nous dit un certain jour Gigoux en parlant de Couder, mais nous eûmes bien vite regagné le temps perdu. Couder offre cet exemple bien rare d'un homme qui à l'époque de sa jeunesse remporte un éclatant succès, est ensuite incapable de soutenir sa réputation et tout d'un coup, après de longues défaites, triomphe de l'indifférence du public et reprend sa haute place par des œuvres auxquelles on ne peut rien reprocher. Les vaincus, en art, sont rarement appelés aux triomphes décisifs. De leur passé, ce qu'on retient le plus volontiers, ce sont les échecs survenus après un succès et comme infligés au précoce triomphateur. Couder exposa son *Lévite d'Ephraïm* en 1817. L'auteur n'avait pas vingt-sept ans. Il était, depuis quatre ans à peine, élève de l'École des Beaux-Arts. Ce fut un coup de maître. Une réputation réelle et de fort bon aloi fut aussitôt acquise au jeune peintre. Elle fut courte. C'est vainement que Couder multiplia les portraits, les tableaux d'histoire, les pages religieuses ; il était dans la foule. On ne le distinguait plus. Il avait fait naufrage. Cette situation qui aurait pu le décourager à tout jamais dura vingt et un ans. Mais en 1838, Couder exposa la *Prise de la ville de Lérida*. Ce fut un coup de tonnerre. Cette peinture est à Versailles. Tous les connaisseurs l'ont remarquée, et les gens du métier seront tous d'accord sur son mérite exceptionnel. Les soldats qui montent à l'assaut, baignés par les lueurs indécises de la lune, sont d'un puissant effet dramatique. Les ruines, rendues avec une conscience de peintre peu commune, décourageraient le paysagiste le plus adroit qui aurait l'ambition de lutter avec Couder. La nature est serrée de très près dans cette partie du tableau. Mais le coloriste est plus heureux encore que l'interprète du site et le caractère pittoresque de la composition tout entière fait de cette toile une œuvre hors de pair à l'honneur des armes françaises.

Un second tableau, l'*Ouverture des États-Généraux à Versailles*, exposé en 1840, mit le sceau à la renommée durable de Couder. Il était désormais classé parmi les peintres d'histoire, et au premier rang de leur phalange serrée. L'Institut avait ouvert ses portes à l'auteur de la *Prise de Lérida*, la croix d'officier de la Légion d'Honneur récompensa le peintre des *États-Généraux*. Plus tard, la première médaille fut décernée à l'auteur du *Serment du Jeu de Paume*, qui, peu auparavant, avait peint la *Fédération des gardes nationales et de l'armée*. Toutes ces toiles resteront. On y puisera des inspirations de plus d'un genre parce que les œuvres que je rappelle ici ont été travaillées avec autant de soin que de vrai talent.

Le dirai-je ? Couder ne goûtait pas les toiles de M. Ingres. Le maître de ses préférences était le baron Gros. Sa conversation pleine de naturel, très entraînante, était celle d'un homme intelligent au suprême degré. Couder avait beaucoup appris. Infatigable à la marche jusqu'en ses dernières années, il se plaisait aux promenades sans fin. Je l'accompagnais quelquefois. Un jour, nous partîmes du quartier de l'Observatoire, tout en devisant sur les maîtres et leurs œuvres. Il ne cessa de me faire l'éloge de Gros, dont il parlait toujours avec conviction. Je lui répondais de mon mieux. Il ne se laissa pas convaincre par les raisons que j'opposais à ses éloges trop exclusifs. Mais, insensiblement, après des heures de marche, nous nous trouvâmes dans les environs de Nanterre. Un cabriolet vint à passer fort à propos dans ces parages et nous ramena...

Couder s'est marié trois fois. Sa troisième femme avait pour elle la jeunesse, la beauté, le talent et l'esprit. Elle était artiste. Robert-Fleury lui avait donné des leçons. Elle gravait ou dessinait avec succès. Couder eut en elle, jusqu'à son dernier jour, une compagne digne de lui. Son nom ne pouvait être mieux porté qu'il ne le fut par cette femme éminente. Mon ami est mort à 84 ans.

C'est vers 1880 que Gigoux nous parla de Couder dont le souvenir se trouvait fortuitement évoqué dans son atelier. Marié une première fois à la fille de Stouf, Couder avait eu la douleur de perdre sa femme à peine âgée de 26 ans. Sa seconde femme, Natalie Rouget, mourut en 1858. Le peintre avait alors 68 ans. Un troisième mariage l'unit à Mlle Stéphanie Daniel-Klein, graveur à l'eau-forte. Gigoux vient de faire son éloge. Il n'a rien d'excessif. Tous ceux qui ont connu Mme Couder pensent comme notre peintre. Mais ne nous attardons pas. Les événements se pressent dans la vie de l'artiste ; sa correspondance est toujours active, ses obligés ne cessent d'être nombreux.

M. Hanoteau vient d'être décoré. Gigoux qui l'a félicité reçoit du nouveau chevalier les ligne suivantes :

<blockquote>Mon cher maître, je n'oublierai jamais l'homme éminent qui a dirigé mes premiers pas dans l'art. C'est donc à vous que revient la plus grande part de mes succès.</blockquote>

Charles Blanc, rentré dans l'administration avec le titre de directeur des Beaux-Arts peu après le 4 septembre 1871, propose à M. Jules Simon, ministre de l'Instruction publique des Cultes et des Beaux-Arts, d'acquérir pour la somme de 6.000 fr., le tableau de *Pygmalion et Galathée*, exposé par Gigoux quelque vingt ans auparavant. L'arrêté ministériel porte la date du 8 février 1872.

Au Salon de cette même année, notre peintre expose le *Pêcheur et le petit poisson*. L'œuvre n'a pas été lithographiée. Gigoux ne prit pas part au Salon de 1874 ; mais, l'année suivante, il reparut sur la brèche avec le *Père Lecour*, un jardinier devant la porte de son orangerie. En 1876, *Un jeune garçon*, tête d'étude, et le portrait de Mlle *Louise*, un modèle d'atelier ; en 1877, la *Jeunesse de Ruyter* ne permirent pas au public d'oublier l'artiste courageux. Son tableau de 1875 prendra place au Musée de Besançon en 1880, après avoir paru à une exposition ouverte cette même année dans la ville natale de Gigoux. Mais n'allons pas si vite. L'année 1878 est une date dans la vie de l'artiste. Il prit part au Salon et à l'Exposition Universelle. La *Fontaine de Jouvence* constitua son envoi aux Champs-Élysées ; quatre toiles parurent au Champ-de-Mars : les portraits des princesses Gorowska, Oskerko et de Mlle Alexandrina W....., plus la *Sainte Madeleine au désert* dont il a déjà été parlé. La *Belle au bois dormant*, tel fut le sujet de son envoi au Salon de 1879, et en 1880 Gigoux traita de nouveau une *Madeleine au désert*.

A cette toile s'ajouta une tête d'étude, *Marthe*, destinée par l'auteur au Musée de Vesoul. A l'issue du Salon, l'artiste, chevalier de la Légion d'honneur depuis trente-huit ans, fut promu officier. Cette distinction méritée par l'un des vétérans de l'école, approuvée de tous, mit en joie les nombreux amis du vieux peintre. Je ne me trompe pas, le peintre était vieux. Sa force physique, l'adresse de sa main triomphaient de l'âge ; mais, à de certaines heures, en dépit du cercle qui l'entourait, il parlait du passé avec mélancolie. Il arrivait que dans les entretiens du dimanche, à l'atelier où se succédaient les nouveaux amis de Gigoux, un nom de disparu était prononcé. Alors l'artiste prenait la parole. On eût dit qu'il se parlait à lui-même. Ses confidences avaient parfois le caractère d'un monologue.

Jules Janin ! dit-il un jour, J. J. (c'est ainsi que nous l'appelions) était au premier chef un homme de cœur. De fortune, il n'en avait pas avant son mariage, et cependant jamais un ami ne vint frapper à sa porte dans la matinée sans qu'il le retint à déjeuner. On lui faisait plaisir en acceptant. C'était une nature aimante. Il avait le travail facile, trop facile. Nous étions parfois cinq ou six autour de lui lorsque le feuilletoniste, pressé par l'heure, était tenu de rédiger sa critique théâtrale hebdomadaire. Il prenait un coin de table, et là, le nez sur son papier car il était myope, il écrivait avec une rapidité prodigieuse. Mais son travail ne l'obsédait pas au point qu'il perdît un mot de la causerie commencée. Il parlait sans cesser d'écrire, ayant le trait, le mot pour rire, car le fond de sa nature était la gaîté. Ses ripostes nous surprenaient, étant donné le travail auquel il se livrait devant nous. Ses pattes de mouche se trouvant alignées sur un certain nombre de petits feuillets qu'il avait comptés à l'avance, il considérait sa tâche comme terminée, et il envoyait sa prose au journal les *Débats*. On le lisait sans fatigue, avec goût, avec profit.

Jules Janin fut le meilleur des maris et le plus malheureux des hommes de lettres. Il rêvait d'entrer à l'Académie. Il y pénétra trop tard. Un jour, il me montra l'ouvrage de Sainte-Beuve sur Port-Royal. — « Vous voyez ce livre, me dit-il ; avec cela on peut être de l'Académie. Cela ne paraît rien et cependant c'est au-dessus de mes forces. Le livre n'est pas de mon domaine. Je ne sais comment m'y prendre pour en bâtir un qui soit un livre. Des feuilletons, tant qu'il vous plaira ! C'est un jeu pour moi. Le feuilleton n'exige aucun plan. On l'écrit de jet, mais le livre ! le livre ! J'y renonce et je me désole d'y renoncer ».

Gigoux nous donne dans cette page une silhouette très juste du critique. Nous l'avons connu, et les confidences qu'il fit au peintre, il nous les a faites à nous-même. Nous pourrions citer de Jules Janin une épître en vers qui nous fut adressée voilà trente-cinq ans et dans laquelle se trouve cette strophe de l'écrivain las de sa tâche :

> Le feuilleton, roche stérile,
> Au bruit sonore, au bruit perdu ;
> Tâche absurde et tâche inutile,
> J'en suis enfin tout morfondu !

Jules Janin est mort le 20 juin 1874. Un peintre de talent, autre ami de Gigoux, Jean-François Millet, succomba le 20 janvier 1875.

> Millet est un observateur patient et bien doué. — C'est Gigoux qui parle. — L'observation prolongée mène à la synthèse par l'analyse. Une touffe d'herbe, une motte de terre, quelques paysans constituaient pour Millet un sujet de tableau. Il ne cherchait rien d'arrangé, d'artificiel. La nature dans sa rudesse, son dénuement, ses lacunes, renfermait aux yeux clairvoyants du peintre une somme de grandeur, de poésie, de tristesse qui le séduisait. Sensier et Mouilleron l'ont mieux connu que moi. Sensier m'a dit la sincérité de l'homme ; Mouilleron m'a fait toucher du doigt l'élévation de cet esprit sans dehors. Il n'est pas une toile, pas un dessin, pas un croquis de Millet dans lesquels on ne découvre une impression personnelle, toujours noble en dépit de l'enveloppe souvent grossière sous laquelle le peintre de Barbizon s'est plu à glisser sa pensée. Ces voyants de l'au-delà ne sont pas aisément suivis dans leur vision par des hommes moins pénétrants, moins subtils qu'ils ne le sont eux-mêmes. On se détourne de leurs œuvres ; l'écorce fait oublier la sève. Cherchez la sève chez Millet : elle n'est jamais absente de ce qu'il a produit parce que jamais le peintre n'a pris son pinceau sans qu'une impression sincère l'eût ému. L'âme de Millet était entrée en vibration avant qu'il usât de sa palette.

C'est le déclin ; c'est la mort impitoyable qui frappe autour de Gigoux. Longpérier, esprit sagace, cœur généreux, s'éteignait lentement sous l'étreinte d'une paralysie qui chaque jour gagnait un organe et l'atrophiait. Notre peintre alla voir son ami le 10 novembre 1881. Il le trouva souriant sur son lit de douleur. Le lendemain, Gigoux fit parvenir à l'archéologue la lithographie de Mouilleron d'après les *Derniers moments de Léonard de Vinci*. Quelle ne fut pas sa surprise de recevoir le jour même les lignes qui suivent ?

> Mon cher et vieil ami,
>
> Après votre excellente visite d'hier, vous avez encore la bonté de m'envoyer un superbe *Mouilleron*, qui reproduit si bien le chef-d'œuvre du Salon de 1835.
>
> C'est un vrai bonheur pour moi que de revoir, même en réduction, cette grande page qui nous a tant émus, et de vous en devoir une épreuve avec un mot précieux de votre main.
>
> Veuillez, mon cher Gigoux, croire à toute ma gratitude et à mes sentiments les plus affectueux de quarante années.
>
> LONGPÉRIER.

Hélas ! l'auteur de cette lettre n'avait déjà plus l'usage de sa main. Seuls, les deux derniers mots et la signature sont autographes. Quelques semaines plus tard, le 14 janvier 1882, Longpérier succombait. A trois jours de date, un autre ami de Gigoux, Charles Blanc descendait dans la tombe.

Gigoux, qui n'avait pas pris part au Salon de 1881, exposa l'année suivante le portrait de Maxime Lalanne. Dessinateur, peintre, graveur, écrivain, Lalanne avait été l'élève de notre artiste. Son éloge n'est plus à faire. Ses eaux-fortes lui ont acquis un juste renom. Et pendant trente années, quel labeur honnête fut le sien ! Son portrait par Gigoux obtint un réel succès au Salon. Je laisse M. Jules Breton en faire la critique :

Cher maître et ami,

Que d'excuses j'ai à vous faire ! Comment ai-je pu attendre jusqu'à ce jour pour vous remercier de m'avoir envoyé une lettre aussi charmante ; pour vous exprimer combien j'en ai été touché. Car elle m'a été au fond du cœur, cette lettre pleine de ce généreux élan qui distingue les grands artistes. N'aurais-je pas dû d'ailleurs prendre les devants et vous écrire le premier pour vous dire combien j'ai admiré ce portrait de Lalanne, d'un modelé si gras, si large et si simple, et qui n'a rien à envier aux peintures de votre brillante jeunesse ?

J'ai été bien occupé, c'est vrai, au jury, aux commissions dont je fais partie, à ma tentative vers l'Institut, et puis parfois souffrant, très fatigué. Mais tout cela ne m'excuse pas et je reconnais tout ce que j'ai à me faire pardonner de vous. Je suis à Montgeron auprès de mes enfants qui seraient bien heureux de vous y recevoir un jour. En attendant, je ne tarderai pas à aller vous voir et vous dire le jour où nous pourrons répondre à votre invitation si cordiale et pour laquelle nous vous sommes bien reconnaissants.

Au revoir, cher maître, et croyez à notre affectueuse admiration.

J. BRETON.

Cette lettre écrite de Montgeron, porte la date du 18 juin 1882. Lalanne ne jouit pas longtemps de son portrait, la mort l'atteignit le 29 juillet 1886.

Nous étions chez notre artiste le 24 janvier 1883. Il nous parut très affecté. Gustave Doré, âgé de cinquante ans, venait d'être emporté à l'improviste.

Quel charmant camarade nous perdons ! dit Gigoux avec une douleur mal contenue. Quel producteur d'art ! Doré s'est trompé. Sa force, sa fertilité lui ont donné l'illusion d'une puissance qu'il n'avait pas. Sculpteur, il manquait de l'instruction première qu'on n'acquiert pas après la jeunesse. Peintre, il avait une ambition démesurée à laquelle il ne lui fut pas permis de répondre par des œuvres achevées. Dessinateur d'illustrations, il a le trait, la fougue, l'invention, le mouvement. Mais sa vocation réelle était d'être aquarelliste. Pourquoi ne s'est-il pas confiné dans ce domaine où il fût resté maître ? Je me souviens de compositions exquises faites par Doré à l'aquarelle. Il s'avisa un jour de peindre un paysage vaporeux, enveloppé d'ombres grandissantes dans lesquelles plongeaient avec volupté des groupes d'enfants ailés. Étaient-ce des anges? Étaient-ce des amours ? Doré ne le savait pas lui-même. Mais qu'importe ? L'artiste n'a pas besoin d'analyser son rêve et d'en souligner chaque forme palpable ; il suffit que sa vision nous charme par la grâce, le rhythme, l'harmonie, le rayon. Toutes ces séductions se trouvaient accumulées dans les aquarelles de l'homme aimable, plein de vie et de talent, qui vient de disparaître. Il devait dîner hier chez Dumas et demain chez Jundt. J'étais invité moi-même, et Doré en acceptant le rendez-vous avait écrit à Jundt : « C'est convenu, comptez sur moi ; nous passerons une bonne soirée de plus. Je porterai du papier Gillot et je vous ferai cinq ou six dessins ». Au moment où il songeait à se rendre chez Dumas, l'étrangère, je veux dire la Mort, s'est mise en travers de la porte et l'a frappé au cœur. Demain Jundt, Dumas et moi, et des centaines d'artistes répondront au dernier appel de Gustave Doré. Nous l'accompagnerons tous avec douleur.

Ainsi s'éclaircissaient les rangs autour de notre peintre. Mais pouvait-il craindre que l'amitié le trahît jamais ? L'homme serviable et fidèle ignorera toujours ce que c'est qu'un foyer désert. Gigoux fit l'expérience jusqu'à sa dernière heure de cette perpétuité de l'affection qui, d'elle-même, en vertu d'une pente irrésistible, s'attache aux natures droites et aimantes. De nouveaux clients prirent la place des amis disparus dans l'atelier de l'artiste. A leur tête, Marquiset et M. Français, deux disciples du maître, MM. Bonnat, Henner, Jules Breton se firent une douce coutume de venir converser avec le vieux peintre. Je ne nomme pas les autres afin de ne pas commettre d'oubli. Au surplus, Gigoux, consolé par l'amitié, ne cessa de se réfugier dans l'étude. Ses dix dernières années ont été remplies par une incessante production. Il prit part à tous les Salons, à l'Exposition triennale de 1883, à l'Exposition Universelle de 1889. Quelques tableaux d'histoire, des portraits vigoureux, de fraîches études que l'on dirait peintes par un homme de trente ans, marquent l'étape suprême de cet octogénaire intrépide[1]. Allez au Luxembourg et contemplez attentivement la *Jeune*

---

[1] Voici le relevé des envois de Gigoux aux Salons pendant ses dernières années : 1883, Exposition nationale des Beaux-Arts : *Surprise ; Au coin d'un parc ; Au désert* (déjà exposé en 1880). — 1884 : *Portrait de Mlle Madeleine B.* — 1885 : *Portrait de Mlle M. V.* — 1886 : *Le dernier jour de Jeanne d'Arc à Domrémy ; Tête de jeune fille (étude).* — 1887 : *Portrait de Mlle *** ; Étude.* — 1888 : *Portrait de Mme de L. ; la Source de la Loue.* — 1889 : *Portrait de Marthe.* Exposition Universelle : *Le dernier jour de Jeanne d'Arc à Domrémy ; Portrait de Mlle *** ; Tête de jeune fille (étude).* Section de l'Exposition centennale : *Les derniers moments de Léonard de Vinci ; Portrait du lieutenant-général Joseph Dwernicki ; le Forgeron ;* dessins : *Tête de jeune fille ; Portrait de femme ; Portrait de l'auteur ;* lithographies d'après nature : *Portrait des frères Johannot, d'Eugène Delacroix, d'Antonin Moine, d'Alfred de Vigny, de Walter Scott ;* lithographies originales : *Miss Kemble ; Convalescence ; Caroline Murat ; Mme Dorval ; Deux jeunes filles ; le Baron Gérard ; Barye ; Antonin Moine ;*

fille à mi-corps, de profil, dans sa toilette matinale, que Gigoux a su rendre avec tant de grâce, d'accent, de vigueur, de naturel. Cette peinture est-elle l'œuvre d'un vieillard? Non, certes. Plus d'un maître en pleine maturité, en pleine gloire, serait fier de l'avoir signée. Elle parut au Salon peu avant 1889.

Je n'ai pas fini de raconter les deuils qui affligèrent l'artiste. Il visitait l'Exposition Universelle où son *Léonard de Vinci* tenait une si belle place parmi les meilleures pages de ce siècle. Marquiset, son élève, son ami, son hôte, l'accompagnait. Tout à coup, le peintre, député de la Haute-Saône, à peine âgé de soixante-deux ans, se sent défaillir. Il était mort. Gigoux, parti joyeux de sa demeure et se promettant une belle journée dans les galeries peuplées de grandes œuvres, rentra subitement, précédé par la dépouille mortelle de son ami le plus intime. Cet évènement tragique survint le 19 juillet 1889.

L'année suivante, l'artiste, sans cesse frappé, mais plus fort que l'épreuve, se ressaisit. Il peignit une toile à laquelle il donna pour titre : « Printemps, jeunesse de la vie ! » *Primavera, gioventu della vita !* n'était-ce pas attester que les chênes foudroyés ne cessent de se parer de vertes frondaisons? Mais l'ami se souvint tout à coup des obligations qu'impose l'amitié. Gigoux avait peint, nous l'avons vu plus haut, le portrait de Marquiset. Il n'est pas douteux que M. Français ne garde en quelque endroit son portrait peint ou dessiné par son maître. Gigoux se hâta d'appeler MM. Bonnat et Henner devant son chevalet. Ne conservait-il pas à une place de choix dans sa demeure son propre portrait par M. Bonnat, un profil résolu, aux tempes modelées de main d'artiste? Les visiteurs de l'exposition triennale de 1883 se souviennent encore de cette belle peinture. Je n'ai pas la preuve que Gigoux ait eu le loisir de peindre les traits de M. Breton.

Pendant ce temps, dernier honneur pour le vieil artiste, Robert-Fleury, l'ami de Gigoux, étant mort, l'Académie des Beaux-Arts ouvrit ses portes à M. Français qui sortit vainqueur d'une joûte où MM. Jules Lefebvre et Detaille étaient en face de lui.

Sigalon. — 1890 : « *Printemps, jeunesse de la vie* ». — 1891 : *Portrait de M. Jules Simon ; Portrait de M. Léon Bonnat*. — 1892 : *Portrait de M. Henner ; Tête de jeune fille (étude)*. — 1893 : *Portrait de Victor Considérant ; Portrait de M*me *P*. — 1894 : *Portrait de M*me *C.*

Le portrait du général Dwernicki, de date ancienne, fut offert par l'artiste au Musée du Luxembourg ; celui de Pradier prit place au Musée de Versailles. Gigoux, qui avait exposé le portrait de Victor Considérant en 1893, mit le sceau à l'innombrable série des effigies sévères ou gracieuses sorties de ses mains depuis soixante-cinq ans, par un portrait de femme dont la facture savante n'accusait chez l'artiste aucune défaillance. Plus d'un visiteur du Salon de 1894 en a gardé le souvenir.

Le maître dont nous venons d'esquisser la vie s'est éteint le 11 décembre 1894. Nombreux fut le cortège qui entoura sa dépouille dans l'église de Saint-Philippe-du-Roule. A la gare du chemin de fer de Lyon où le corps, réclamé par la ville de Besançon, fut transporté à l'issue de la cérémonie religieuse, M. Français prononça quelques mots d'adieu, étouffés par les larmes. Après lui, M. Bonnat prit la parole. Le début de son discours nous révèle les circonstances dans lesquelles les deux peintres se prirent d'amitié.

> Il y a une trentaine d'années, un jour où je peignais, je ne sais plus où, une esquisse d'après un tableau de Ribera, un homme déjà âgé, fort, robuste, aux épaules puissantes, s'approcha de moi et, après avoir regardé ma toile, me serra la main avec chaleur. Il me demanda qui j'étais et me dit son nom. C'était M. Jean Gigoux. Des liens d'amitié s'établirent spontanément entre nous. Depuis lors, bien du temps s'est écoulé, bien des événements se sont succédé, mais pas une semaine ne s'est passée sans que cet homme excellent m'ait donné des preuves de sa fidèle amitié, de son sincère dévouement.
>
> En lui la grande famille des artistes français perd un de ses doyens les plus aimés et la glorieuse école de 1830 un de ses derniers survivants.

Il appartenait à M. Bonnat de caractériser avec sûreté, dans un style simple et précis tout à la fois, la manière du maître disparu, le tour affable de son esprit, les encouragements qu'il savait donner aux nouveaux venus dans l'école, en souvenir sans doute de la sympathie dont lui-même avait été l'objet lors de ses débuts.

> Je le vois encore, a dit en terminant M. Bonnat, et le verrai toujours avec sa belle tête de Gaulois, ses cheveux redressés, sa grande moustache tombante, sa bonne humeur constante, son sourire parfois malicieux et son accueil si franc, si cordial !!
>
> Cher monsieur Gigoux, le vide que vous laissez ne sera pas rempli. Votre départ sera cruellement ressenti par nous tous. Vous avez été bon pour nous. Vous avez été un ami vrai, un camarade, presque un père ; votre souvenir restera grand dans nos cœurs.

La ville de Besançon fit à Gigoux des obsèques magnifiques. Son corps, exposé le 17 décembre dans la grande salle de l'Hôtel de Ville transformée en chapelle ardente, fut d'abord conduit à la basilique de Saint-Jean où eut lieu le service religieux. La ville tout entière voulut accompagner ensuite sa dépouille au cimetière des Chaprais, où le cercueil fut déposé provisoirement dans un caveau que surmonte un *Christ* monumental, œuvre de Clésinger père. Les concitoyens de Gigoux lui préparent une sépulture définitive au Champ-Bruley, près de Bersot, dans le voisinage du monument élevé aux soldats morts pour la France en 1870.

Rapprochement heureux. L'artiste aussi est un soldat. Sans doute le territoire national est une chose sacrée dont l'intégrité doit être défendue jusqu'au sang, mais le génie d'un peuple, la phalange compacte de ses maîtres sont-ils à moindre prix que le territoire? L'homme d'art, gardien de la tradition, hardi et sincère dans l'effort personnel dont il fait preuve, donne un exemple salutaire. Et si, par ailleurs, de lui-même, dans l'élan spontané d'une nature généreuse, il s'approche, les mains ouvertes, de quiconque travaille et s'applique à l'étude des grands ancêtres, ainsi que Gigoux l'a fait envers ce jeune copiste de Ribera, dont nous a parlé M. Bonnat, cet homme bien inspiré n'est pas seulement un exemple, il est un stimulant et un appui. Notre peintre n'a pas pris rang parmi les plus illustres. Soit. Sa fièvre de production l'a porté à l'exécution trop rapide de ses peintures. Je le concède encore. Mais il a vu grandir autour de lui plusieurs générations d'artistes sans prendre ombrage de tendances, de méthodes nouvelles, qu'il n'avait pas connues et auxquelles peut-être il lui eût coûté de plier son esprit et sa main. Ce désintéressement est rare. Notre peintre s'est vu distancé dans l'estime publique par des hommes venus après lui, et le succès d'autrui l'a trouvé sans amertume. Que dis-je ? sa demeure, ses conseils, sa fortune ont été mis à la disposition de quiconque se réclamait de l'art. Il a doté sa ville d'ouvrages rares et précieux; il est resté fidèle à toute noble cause; l'amitié, le travail, l'abnégation patiente et discrète ont été les vertus de toute sa vie. La mémoire de ce fier et vaillant maître doit être honorée.

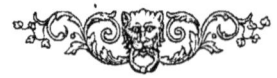

TABLE DES NOMS CITÉS

ABRANTÈS — CHARLES Ier

Abrantès (la duchesse d'), 11, 43.
Agoult (la comtesse d'), 100.
Aix (Musée d'), 59.
Alaux, p., 102, 103.
Alibert, 53.
Amiens (Musée d'), 38.
Ancelot (Mme Virginie), 10, 49, 52, 53, 60.
Ange, 3.
Arc (Jeanne d'), 106.
Arlincourt (le vicomte d'), 11.
Arozarena, amateur, 3.
Artois (le comte d'), 99.
Athalie, 20, 21.
Auber, comp., 94, 95.
B... (Mlle Madeleine), 116.
Backuisen, p. 4.
Ballanche, écrivain, 44.
Baltard (Victor), arch., 80, 105.
Balzac (Honoré de), romancier, 61, 62, 100.
Balzac (Éveline de Hanska, comtesse de), 77, 79, 86, 89, 106, 108.
Barbès, 73.
Baring, collectionneur, 55.
Baron, p., 45, 101, 104.
Barrot (Ferdinand), ministre, 74.
Bartolomeo (Fra), p., 66.
Barye (Antoine), sc., 13, 20, 26, 35, 36, 116.
Beauharnais (Joséphine de), 20.
Beaujon, financier, 99.
Beauvoir (Mlle Doze, Mme Roger de), actrice et écrivain, 65, 72.
Bellanger, p., 13.
Béraldi, biographe, 50.
Béranger, chansonnier, 29, 61.
Bersot, 119.
Besançon. Cathédrale, 66. Musée, 38, 39, 41, 49, 57, 69, 77, 86, 93, 112.
Besson (Faustin), p., 104.
Beulé (Ernest), archéologue, 102, 103.
Beyle (Henri), dit Stendhal, écrivain, 53, 54.
Bixio, 53.
Blanc (Charles), écrivain, 10, 11, 13, 35, 49, 71, 72, 74, 75, 77, 78, 93, 96, 101, 104, 105, 109, 112, 115.

Blanc (Louis), 49.
Blondel (M.-J.), p., 81.
Bocage, comédien, 65.
Bon, modèle d'atelier, 52.
Bonaparte (le prince Louis), 72.
Bonington, p., 13, 21, 23, 25, 29.
Bonnat (Léon), p., 2, 8, 10, 116-119.
Bordeaux (Musée de), 48, 62.
Borel (Petrus), 53.
Borione, p., 67.
Bosio (le baron), sc., 49.
Boubée, 96.
Boucher (François), p., 24.
Bougerel (le général), 63.
Boulanger (Clément), p., 13.
Boulanger (Louis), p., 13, 61-62.
Boulay de la Meurthe, homme d'État, 78, 79.
Bourbon (le connétable de), 57.
Bourgeois de Mercey. Voy. Mercey.
Bourgogne (la duchesse de), 31.
Bra (Joseph), sc., 30.
Bra (Théophile), sc., 30.
Braun, photographe, 2.
Bretillot (Mr), 69.
Breton (Jules), p., 10, 115, 116, 117.
Brian (Jean-Louis), sc., 106.
Brongniart (Alexandre), chimiste, 28.
Broussais (le docteur Casimir), 44.
Brunswick (le duc de), 100.
Bulwer (sir Henry), homme d'État, 83.
Bürger. Voy. Thoré.
C... (Mme), 117, 118.
Cabanel, p., 94.
Cabat, p., 13.
Cailleux (Mme de), 47.
Canaletti, p., 4.
Carrel (Armand), publiciste, 40.
Cavaignac, homme d'État, 72.
Cavalier (la chute d'un), 26.
Cavaliers turcs (les), 91.
Cavé (Auguste), directeur des Beaux-Arts, 10, 37, 41, 47, 59, 64, 69, 71.
Champ de blé, 91.
Champin, aq. et lith., 91.
Champmartin, p., 26.
Champollion, g., 2.
Charité (la), 3.
Charles Ier, 3.

Charlet, p., 13, 64, 81.
Charnacé (la comtesse de), 88.
Charton (Édouard), 75.
Chasseriau, p., 67.
Chateaubriand (le vicomte de), 44, 61.
Chaumelin (Marius), écrivain, 109, 110.
Chenavard (Paul), p., 94, 101.
Christ au jardin des Oliviers, 20.
Cicéron découvre le tombeau d'Archimède, 23.
Cimbres (Défaite des), 91, 92, 93.
Cisneros, g., 86, 104.
Claudine (Mlle), 75.
Clésinger père, sc., 51, 63, 119.
Clésinger (Jean-Baptiste-Auguste), sc., 51, 63, 64, 88, 104.
Cochin, g., 35.
Cogniet (Léon), p., 105.
Condorcet, 99.
Conegliano (duc de). Voy. Moncey.
Conscience (Francis), p., 46, 51.
Considérant (Victor), 72, 117, 118.
Constant (Mme Benjamin), 29, 30.
Constant. Voy. Lévy (Eliphas).
Conté, 23.
Cooper, 61.
Corday (Charlotte), 71.
Cornu, p., 94.
Corot, p., 11, 13, 58, 70, 91.
Corrège, p., 2, 79.
Couder, p., 13, 93, 94, 111-112.
Courbet (Gustave), p., 13.
Court, p., 94.
Courtisane (la jeune), 21.
Couture, p., 68.
Coyzevox (Antoine), sc., 31.
Cranach, p., 2.
Crémieux (Mlle Sophie G..., Mme), 75.
Crevaux, explorateur, 29.
Crocé Spinelli, aéronaute, 29.
Daniel-Klein (Mlle Stéphanie), g., 112.
Dantan, sc., 100.
Dauzats, p., 40, 70, 91.
David (Mme Maxime), 72.
David (Louis), p., 23, 24, 51.
David d'Angers (Pierre-Jean), sc., 2, 5, 7, 9, 10, 13, 20, 22, 26, 27, 30, 31, 38, 54, 61, 62, 64, 71, 80, 81, 87, 94.
David d'Angers (Mme), 7.
Decaisne, p., 21.
Decamps (Alexandre), p. et écrivain, 13, 20, 23, 38, 40, 91-93.

Decazes (le duc), 59.
Delaborde (le comte Henri), 34, 96.
Delacroix (Eugène), p., 2, 5, 12, 13, 20-22, 26, 32, 35, 36, 65, 84, 88, 92, 116.
Delaroche (Paul), p., 13, 20, 32.
Delaunay, éditeur, 51.
Delécluze, publiciste, 47.
Delort (le général), 69.
Denon (Vivant), 3.
Desault, hist., 98, 100.
Descamps, p. et hist., 19.
Deschamps, (Antony), 52.
Detaille, p., 117.
Devéria (Achille), p., 13, 26, 35, 36, 37.
Devéria (Eugène), p., 13, 26, 35-37.
Devosge (Francois), p., 23, 24.
Diaz, p., 13.
Dickens, 54.
Donzelot (le général comte de), 48, 49, 59, 69.
Doré (Gustave), p., 115, 116.
Dorval (Mme), 116.
Doucet (Camille), secrétaire perpétuel de l'Académie française, 107.
Doze (Mlle). Voy Beauvoir (Mme Roger de).
Duchalais, 70.
Ducis, 88.
Dufaure, homme d'État, 72, 75.
Dumas (le général), 88.
Dumas (Alexandre), romancier, 12, 13, 42, 46, 47, 53, 76, 88.
Dumas fils (Alexandre), écrivain, 116.
Dumesnil, écrivain, 11.
Dumnacus, 9.
Dunkerque (Vue du pont de), 26.
Duplessis (Georges), membre de l'Institut, 34, 49.
Durer (Albert), p. et g., 2, 3.
Duret (Francisque), sc., 49, 50, 51.
Duseigneur, 102.
Dutreilh (Paul), pseudonyme de Th. Thoré.
Duval Le Camus, 49.
Dwernicki (le lieutenant-général Josef), 32, 33, 116, 118.
Dyck (Van), p., 3.
Eisen, g., 35.
Ephrussi, hist., 3.
Errington (Mme), 75.
Escousse (Victor), auteur dramatique, 28, 29.
Espinassy (Auguste d'), 85.

Etex (Antoine), sc., 95, 96.
Ethel (Mlle), 75.
Faivre (Tony), p., 10.
Falconet, sc., 77.
Faucher (Léon), ministre, 72, 76.
Fauveau (Mlle de), sc., 18, 45.
Fauveau (Mme de), 45.
Fédération des gardes nationales et de l'armée, 111.
Féral, expert, 1, 2.
Flameng (Léopold), g. 96.
Flandrin (Hippolyte), p., 12, 13, 82, 94, 103.
Flatters, explorateur, 29.
Flers, p., 13.
Fontanelle (Hélène de). Voy. Larcillac (comtesse de).
Forbin (le comte de), 38.
Foucher (Paul), écrivain, 53.
Fougeray (de), pseudonyme d'Auguste Cavé.
Fould (Achille), ministre, 83.
Fourier, économiste, 45, 93.
Fournier (Édouard), hist., 3, 98.
Fragonard, p., 4.
Français, p., membre de l'Institut, 10, 45, 75, 82, 95, 101, 104, 116, 117, 118.
Francis, pseudonyme de Conscience, 51.
François Ier, 41.
Freudeberg, dess., 3.
Fromentin (Eugène), p., 7, 92.
G... (Mlle Sophie). Voy. Crémieux (Mme).
Gainsborough, p., 2.
Galilée, 106.
Garçon (Jeune), 3.
Gauchard, g., 34, 35.
Gautier (Théophile), écrivain, 5, 13, 20, 36, 53, 64, 65, 68, 84, 98.
Geismar (le général), 32.
Gelée (Claude), p., 4.
Gérard (François, baron), p. 5, 10, 12, 35, 52, 53, 95, 101, 104, 116.
Géricault, p., 2, 13, 26, 42, 104.
Gérôme, p., 94.
Giedroyc (le prince et la princesse), 43.
Gigoux (Claude-Étienne), maréchal-ferrant, 16.
Gigoux (Jean), p. et lith. Ses portraits, 4, 41, 50, 61, 62, 116, 117. — Son œuvre. — I. Sujets religieux : Ismaël, 14 ; Christ au jardin des Oliviers, 48 ; Saint Pierre aux liens, 48 ; Sainte-Marie-Madeleine, 48, 77 ; Baptême de sainte Geneviève par saint Rémy ; sainte Geneviève exaltant le courage des habitants de Paris ; sainte Geneviève, patronne de Paris, 55, 59 ; Christ en croix, 59, 69 ; Saint Philippe apôtre guérissant une malade, 59 ; Le Martyre de sainte Agathe, 51, 93 ; Le Mariage de la Sainte Vierge, 66 ; Saint Louis ensevelissant les morts ; saint Louis pardonnant au comte de La Marche à Taillebourg, 66 ; Trait de la vie des Hébreux dans le désert, 69; Christ descendu de la croix, 72, 75, 93 ; Le Bon Samaritain, 86, 87, 93 ; La Fuite en Égypte, 94, 103 ; Le Repos en Égypte, 94, 103 ; La Mise au tombeau, 94, 96, 103 ; La Resurrection, 94, 96, 103 ; Mort de sainte Marie-Madeleine, 110 ; Marie-Madeleine au désert, 112, 116. — II. Histoire : Derniers moments de Léonard de Vinci, 3, 5, 29, 41, 44, 47, 93, 114, 116, 117 ; Le comte de Comminges reconnu par sa maîtresse, 3, 38, 40 ; Jeanne d'Arc, 7 ; Henri IV écrivant des vers sur le missel de Gabrielle d'Estrée, 37 ; Saint-Lambert et Mme d'Houdetot, 38 ; Escalier de Versailles, 41 ; Cléopâtre, 44, 46, 47, 62, 63, 68, 75, 76, 93, 104 ; Antoine et Cléopâtre après la bataille d'Actium, 48, 68, 71 ; Héloïse recevant Abeilard au Paraclet, 48, 49 ; Souvenir de la jeunesse d'Hoffmann, 59 ; Baptême de Clovis, 62, 63 ; Mort du duc d'Alençon à la bataille d'Azincourt, 63 ; Charlemagne, 67 ; Le Départ des Volontaires du Doubs, 69, 103 ; La veille d'Austerlitz, 83, 86, 93, 108 ; Une arrestation sous la terreur, 88 ; La jeunesse de Ruyter, 112 ; Le dernier jour de Jeanne d'Arc à Domremy, 116. — III. Allégorie : Source, 14 ; Galatée, 77-78 ; La Moisson, 74, 76, 83, 84 ; Les Vendanges, 74, 76, 79, 84 ; Poésie du Midi, 108, 109 ; Première rêverie, 108; Pygmalion et Galatée, 112 ; La Fontaine de Jouvence, 112 ; La Belle au bois dormant, 112 ; La Source de la Loue, 116 ; Printemps, jeunesse de la vie, 117. — IV. Scènes de genre : La Bonne aventure, 38 ; Mort de Manon Lescaut, 63 ; Une

Grisette, 75 ; Le Pêcheur et le petit Poisson, 112 ; Le Forgeron, 116 ; Convalescence, 116 ; Surprise, 116 ; Au coin d'un parc, 116. — V. Portraits de : Marquiset, 9, 117 ; A. H..., 39 ; Mlle J..., 39 ; Mme Taillandier, 37, 38 ; Fourier, 45, 93 ; Mme T..., 45 ; le général Donzelot, 48, 49, 59 ; Charles Nodier, 49 ; Mme Ancelot, 49 ; Mme de Magnoncourt, 49 ; Paul Lacroix, 49 ; Duval le Camus, 49 ; les Johannot, 50, 116 ; Laviron, 55-56 ; le maréchal Moncey, 57-58 ; Mme Francis Wey, 58 ; Mme de Ricard, 59 ; Sigalon, 59, 117 ; Georgette Menessier, 61 ; Mlle Guimond, 70 ; Charlotte Corday, 71 ; le roi Jérôme, 72-73, 76-79 ; Lamartine, 72 ; Victor Considérant, 72, 117, 118 ; Mme de Beauvoir, 72 ; Mme Maxime David, 72 ; la comtesse de Larcillac, 75 ; Mme Ristori, 75 ; Mme R..., 75 ; Mme Crémieux, 75 ; Mlle Ethel, 75 ; Mlle Claudine, 75 ; Mme de Balzac, 77 ; la comtesse de Mniszech, 79, 86, 87 ; Napoléon III, 80 ; Mme Valentine de Lamartine, 84 ; le prince Jérôme, 93 ; le comte de Mniszech, 94 ; Lefèvre-Duruflé, 106 ; Mlle Marie de K..., 106, 116 ; Galilée, 106 ; Mlle Alexandrina W..., 112 ; la princesse Oskerko, 112 ; Mlle Louise, 112 ; le père Lecour, 112 ; la princesse Gorowska, 112 ; Marthe, 113, 116 ; Maxime Lalanne, 115 ; Alfred de Vigny, 116 ; Walter Scott, 116 ; Mlle M. V., 116 ; Caroline Murat, 116 ; Antonin Moine, 116 ; Mme de L..., 116 ; le baron Gérard, 116 ; Mme Dorval, 116 ; Dwernicki, 116, 118 ; Eugène Delacroix, 116 ; Mlle Madeleine B..., 116 ; Antoine Barye, 116 ; Sigalon, 117 ; M. Jules Simon, 117 ; Mme P..., 117 ; Henner, 117 ; Mme C..., 117, 118 ; Léon Bonnat, 117 ; Pradier, 118 ; portrait de femme peignant un paysage d'après nature, 37 ; le Portrait, 38 ; Étude, 75, 116 ; Tête de Sarrasin, 94 ; Jeune garçon, 112 ; Portraits divers, 116 ; Portrait de femme, 116 ; Deux jeunes filles, 116 ; Jeune fille, 116-117 ; Tête de jeune fille, 117.

Girardet (Paul), g., 34, 37.

Giraud, p., 13.

Girodet, p., 78.

Gisors (A. de), arch., 59.

Godefroid (Mlle), p., 52.

Gorowska (la princesse), 112.

Goya, p., 109.

Graillon, sc., 80, 81.

Granet, p., 13, 26, 42, 92.

Grandville, p., 13, 82.

Grenier (le général), 10.

Grenier (Jean-Charles-Marie), botaniste, 95.

Greuze, p., 2.

Gros (le baron), p., 22, 26, 111.

Grün (de), journaliste, 60.

Gudin, p., 13, 75.

Guillaume (Eugène), sc., 102.

Guimond (Mlle), 70.

H... (M. A.), 39.

Halévy, secrétaire perpétuel de l'Académie des Beaux-Arts, 14, 102.

Hanoteau, p., 112.

Hastenbeck (Annonce de la victoire d'), 35.

Haussmann (le baron), préfet de la Seine, 89.

Hébert, p., 94.

Henner, p., 10, 116, 117.

Henri IV (Naissance d'), 36, 37.

Hersent, p., 26, 93.

Hervey (Mistress), 76.

Hesse (Auguste), p., 94.

Hieronymus (Maître), 3.

His de la Salle, 95.

Homère (Apothéose d'), 36.

Homme (Tête d'), 3.

Huet (Paul), p., 12, 13, 26.

Hugo (Victor), poète, 5, 18, 53.

J... (Mlle), 39.

Ingres (J.-D.-A.), p., 2, 22, 36, 54, 94, 111.

Isabey, p., 13, 26, 42, 94.

Jacquand, p., 100.

Jaley, sc., 43.

Janin (Jules), écrivain, 5, 13, 18, 25, 26, 49, 55, 56, 107, 108, 113, 114.

Jemmapes (Bataille de), 26.

Jérôme (le roi), 72-73, 76-79.

Jérôme (le prince), 93.

Jérôme (Vision de Saint), 21, 26.

Joconde (la), 27.

Johannot (Alfred et Tony), p., 13, 26, 32-35, 50, 116.

Jordaens, p., 4.

Jouffroy, sc., 105.
Jouffroy, philosophe, 47-49, 79.
Jouffroy (Mme), 79.
Journet (Mlle), 37.
Jubinal, 103, 106.
Julienne (de), amateur, 2.
Jundt, p., 116.
Jussieu (Bernard de), naturaliste, 98, 99, 101.
K... (Mlle Marie de), 106, 116.
Kock (Paul de), romancier, 20.
Krentz (le général), 32.
L... (Mme de), 116.
La Berge (de), p., 13, 26, 101.
Lacroix (Jules), poète, 88.
Lacroix (Paul), écrivain, 49.
La Fontaine, fabuliste, 87.
Laguerre (Mlle), artiste lyrique, 20.
La Hogue (Bataille de), 3.
Lalanne (Maxime), g., 10, 104, 115.
Lamarche (Françoise), 16.
La Marche (comte de). Voy. Louis (saint).
Lamartine (Alphonse de), poète, 5, 10, 49, 61, 70, 71, 72, 76, 84, 85, 99.
Lamartine (Mme Valentine de), 84.
Lamballe (la princesse de), 53.
Lamy (le général), 10, 89.
Lanno, sc., 37.
Lantara, p., 42.
Larcillac (Hélène de Fontanelle, depuis comtesse de), 75.
Largillière, p., 108.
Larivière, p., 94.
Larrey (le baron), chirurgien, 64.
Larrey fils (Hippolyte, baron, chirurgien), 64, 86, 89.
Lasalle (Émile), lith., 75, 77, 79.
La Saussaye (de), membre de l'Institut, 70.
Laviron (Gabriel), p., 38-40, 52, 55-56.
Lebras (Auguste), auteur dramatique, 28, 29.
Le Brun (Charles), p., 41.
Lebrun (P.-A.), 54.
Lebrun (Mme), 11, 53, 54.
Lecour (le père), 112.
Lecourbe (le général), 69.
Ledru-Rollin, homme d'État, 70.
Lefebvre (Jules), p., 117.
Lefèvre-Duruflé, sénateur, 106.
Lehmann (Henri), p., 94, 103, 108-109.
Lemaître (Frédéric), art. dr., 20.

Lemud, g., 5, 49, 50.
Lérida (Prise de la ville de), 111.
Leroux (Pierre), 73.
Leroux, lith., 80.
Leroy, g., 3.
Lesage, écrivain, 39.
Lessore, p., 70.
Le Sueur (Eustache), p., 65.
Lévite d'Éphraïm, 111.
Lévy (Éliphas), dit Constant, poète, 86, 87.
Leyde (Lucas de), p., 25.
Lezay-Marnésia (le comte de), pair de France, 67, 68.
Lheureux, aide de camp, 57.
Lireux, écrivain, 70.
Lisière de forêt, 109.
Livry (Emma), danseuse, 97-98.
Locuste, 21.
Lola Montès, danseuse, 100.
Longpérier (Adrien de), archéologue, 13, 49, 70, 105, 114, 115.
Lorenzo di Credi, p., 3.
Louis XIII (Vœu de), 36.
Louis-Noël (Hubert), sc., 4, 7, 10.
Louise (Mlle), 112.
Lubomirska (la princesse), 88.
Luini, p., 4.
Lusson (C. de), 49.
Lutins en voyage, 26, 27.
Lyon (Musée de), 59, 93.
M. V. (Mlle), 116.
Magnoncour (Flavien de), maire de Besançon, 38, 47, 64.
Magnoncourt (Mme de), 49, 64.
Mahérault, collectionneur, 3.
Maindron, sc., 67.
Malibran (Mme), cantatrice, 29.
Malleville, ministre, 72.
Marie-Amélie (la reine), 49.
Marie-Antoinette (la reine), 85.
Marilhat, p., 13.
Marino Faliero, 20.
Marionneau (Charles), p., 48.
Marmier (Xavier), écrivain, 17.
Marquiset (Gaston), député, peintre et lithographe, 5, 9, 15, 75, 116, 117.
Marthe, 113, 116.
Martin (Hector), p., 64, 65, 66.
Marvy (Louis), g., 55.
Matout, p., 10.
Meissonier, p., 75, 89, 94, 105.

Mello (la baronne de), 53, 54.
Menessier (Marie Nodier, Mme), 30, 61.
Menessier (Georgette), 61.
Mercey (Frédéric Bourgeois de), p. et écrivain, 75, 80, 82, 83.
Mercœur (Élisa), poète, 5, 43-44.
Mercœur (Mme), 43, 44.
Mercure, 106.
Mérimée (Prosper), écrivain, 53.
Merle, publiciste, 58.
Michel (Francisque), archéologue, 82, 83.
Michel-Ange, p. 24, 51, 59-60.
Millet (Aimé), sc., 9.
Millet (Jean-François), p., 114.
Mirbel (Mme Lizinska de), p., 26.
Mniszech (le comte Georges de), 94.
Mniszech (la comtesse de), 79, 86, 87.
Moine (Antonin), sc., 5, 13, 20, 26-28, 32, 116.
Moïse, enfant, 3.
Molyn, p., 2.
Moncey (le maréchal), duc de Conegliano, 57-58.
Montalembert (le comte de), écrivain, 33.
Monteil, hist., 72, 75.
Montpensier (Entrée de Mlle de) à Orléans, 34, 35.
Monpou, comp., 53.
Moreau, dess., 3.
Morand (le général), 69.
Mouilleron, lith., 3, 41, 77, 82, 86, 95, 101, 104, 114.
Muller, p., 13, 94, 105.
Murat (Caroline), 116.
Murillo, p., 4.
Musset (Alfred de), poète, 5, 28, 29, 53, 101.
Nadar, photographe, 83.
Nantes (Musée de), 21.
Nanteuil, lith., 77.
Napoléon Ier (empereur), 86.
Napoléon III (empereur), 80, 81.
Naufrage de la Méduse, 21.
Nerval (Gérard de), écrivain, 53.
Ney (le Maréchal), 57.
Nieuwerkerke (le Comte de), surintendant des Beaux-Arts, sc., 76, 86, 100, 106, 108.
Nodier (Charles), poète, 5, 10, 12, 30, 47, 49, 53.
Nodier (Marie). Voy. Menessier (Mme).

Orléans (le Duc d'), 46, 47, 91, 92.
Orléans (la Princesse Marie d'), 35.
Orsay (le Comte d'), sc., 13, 72, 73, 75-77, 100.
Oskerko (la Princesse), 112.
Ostrowski (le Comte palatin Antoine), 32-33, 60, 61, 70.
Ostrowski (Wladislas), 33.
Ouverture des États-Généraux à Versailles, 111.
P... (Mme), 117.
Panckouke, éditeur, 43.
Papety, p., 13.
Patrois, p., 106.
Paul (Ravissement de Saint), 3.
Paulin, éditeur, 39, 40.
Paris. Cimetière du Père-Lachaise, 44, 87. Église Saint-Étienne du Mont, 65 ; — Saint-Germain l'Auxerrois, 48, 55 ; — Saint-Gervais, 77, 90, 93, 94, 96, 103, 105, 106 ; — Saint-Philippe du Roule, 118 ; — Saint-Vincent de Paul, 82 ; — Sainte-Marguerite, 69. Hôpital du Val-de-Grâce, 64. Hôtel des Invalides, 57, 58. Jardin des Plantes, 98, 99. Musée du Louvre, 3, 21 ; — du Luxembourg, 23, 45, 75, 86, 93, 116, 117, 118. Palais du Conseil d'État, 67, 75 ; — de la Cour des comptes, 75, 79, 83 ; — du Luxembourg, 59, 66.
Perron (M.), 69, 73.
Persigny (de), ministre, 77, 80.
Personnages debout, 3.
Petit (Jean), sc., 95.
Planche (Gustave), écrivain, 27, 32, 48.
Poë (Edgar), romancier, 14.
Potter (Paulus), p., 25.
Pouillet, physicien, 90.
Poussin (Nicolas), p., 3.
Pradier (James), sc., 2, 9, 13, 22, 26, 31, 49, 76, 94, 118.
Préault (Auguste), sc., 51, 65.
Prévost, g., 38.
Prévost (l'abbé), écrivain, 63.
Prud'hon (Pierre), p., 23, 24, 25, 104.
Puget (Pierre), sc., 84.
Pygmalion, 77.
Pyrrhus sauvé (le jeune), 3.
R... (Mme), 75.
Rachel, tragédienne, 54.
Radeau de la Méduse (le), 42.

Raffet, p. et lith., 13, 91.
Rambuteau (M. de), 64.
Raphaël, p., 2, 21, 24.
Ratisbonne (Louis), 52.
Récamier (Mme), 11, 43.
Rembrandt p., 2, 3, 102, 109.
Rembrandt (la mère de), 3.
Regnard, 108.
Regnault (le baron), p., 104.
Reynolds (Joshua), p., 24.
Ribera (Don Josef de), p., 2, 56-57, 118, 119.
Ricard (le général de), 59.
Ricard (Mme de), 59.
Ricourt, fondateur du journal l'*Artiste*, 30, 32.
Ristori (Mme), cantatrice, 75, 84, 85.
Robert (Léopold), p. et g., 26, 37.
Robert-Fleury, p., 13, 42, 111, 117.
Robespierre, 53.
Romain (Jules), p., 4.
Romains de la décadence, 68.
Romieu, directeur des Beaux-Arts, 77.
Rosaire (Fête du), 3.
Rossini, comp., 5.
Rougé, p., 94.
Rouget (Natalie), 112.
Rouillard, p., 51-52.
Rouland, ministre, 93.
Rousseau, p., 13.
Rousseau (Th.), p., 109.
Rubens (Pierre-Paul), p., 2.
Rüdiger (le général), 32.
Ruysdaël, p., 2, 3.
Saint Julien l'Hospitalier, 3.
Saint-Non, g., 35.
Saint-Victor (Paul de), écrivain, 13, 106.
Sainte-Beuve, écrivain, 25, 53, 109, 113, 114.
Sand (George), romancier, 32, 73.
Sarte (André del), p., 3, 24.
Sardanapale, 35.
Saulcy, 70.
Sauvage, écrivain, 60.
Scheffer (Ary), p., 61.
Schnetz, p., 26.
Scott (Walter), romancier, 18, 116.
Scribe (Eugène), auteur dramatique, 31-32.
Séchan, p., 80.
Senancourt, 53.
Sénart, ministre, 71.

Sensier, écrivain, 114.
Serment du Jeu-de Paume, 111.
Sigalon (Xavier), p., 2, 12, 13, 20, 21, 26, 32, 59, 117.
Signol, p., 94.
Simon (Jules), homme politique et écrivain, 112, 117.
Sivel, aéronaute, 29.
Soitoux, sc., 87.
Soultrait, 70.
Source (la), 96.
Spontini, comp., 49.
Steinbach (Erwin de), arch., 4.
Stendhal. Voy. Beyle (Henri).
Stouf, sc., 112.
T... (Mme), 45.
Taglioni (Marie). Voy. Voisins (comtesse de).
Taillandier, député, 37-39.
Taillandier (Mme), 37, 38.
Taylor (le baron), 20, 53.
Temps d'orage, 109.
Teniers (David), p. 4.
Thackeray, romancier, 54, 55.
Thoré, écrivain, 11, 19, 21-23, 25, 41, 43, 44, 47, 62, 63, 65, 68, 73, 74, 102, 109.
Tiepolo, p., 2.
Tombereau, 51.
Toussaint, sc., 87.
Troyon, p., 13, 91, 101.
Turner, p., 2.
Valenciennes, p., 23.
Valmy (Bataille de), 26.
Van Goyen, p., 4.
Van Ostade, p., 3.
Van de Velde, p. 4.
Velasquez, p., 2.
Vercingétorix, 9.
Vernet (Horace), p., 13, 22, 26.
Véron (le docteur), 93.
Versailles (Musée de), 33, 111, 118.
Vesoul (Musée de), 113.
Vieil-Castel (comte Horace de), 88.
Vien, p., 23, 24.
Vierge aux rochers, 3.
Vigny (Alfred de), poète, 20, 49, 52, 53, 101, 102, 107, 108, 116.
Villemain, écrivain, 36.
Vinci (Léonard de), p., 2, 3, 27.
Vitet (M.), 64.

Voisins (Marie Taglioni, comtesse Gilbert de), danseuse, 96, 98.
W... (Mlle Alexandrina), 112.
Waldor (Mme Mélanie), 43, 74.
Watteau (Antoine), p., 2.
Weiss (Charles), bibliothécaire, 69.

West (Benjamin), p., 3.
Wey (Francis), écrivain, 13, 58.
Wey (Mme Francis), 58.
Wolframb (Maître), 50.
Yriarte (Charles), écrivain, 109.
Yvon (Adolphe), p., 89, 94.

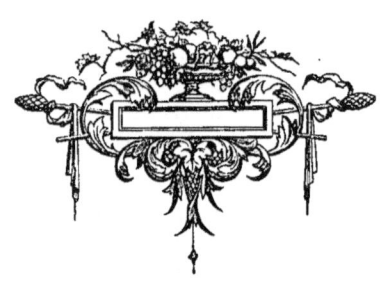

www.ingramcontent.com/pod-product-compliance
Lightning Source LLC
Chambersburg PA
CBHW070144230526
45471CB00002B/516